母の支配から自由になりたい

「私」を取り戻すための10のステップ

グラハム子

佼成出版社

はじめに

はじめまして。グラハム子と申します。私は数年前に『親に整形させられた私が母になる』という漫画を描きました。フィクションを織り交ぜて物語の魅力を重視して描いたのですが、本作は、私の今までの人生をフィクションを入れずに描いています。私は子どもの頃、親の意向で顔の整形をしました。整形だけでなく、進路や部活、就職など、生き方のほとんどを親に決められてしまいました。

そして自分で人生の選択をしてこなかったために、自分の好きなことや嫌いなこと、自分の感情さえわからない……気づけば完全に自分がいなくなっていました。自分が無いから、目標も楽しめるものもない。世間や他人の評価だけに依存して生きている。生きないといけないからしかたなく生きている……。

それは毎日がうっすらとした地獄のような日々でした。この本は、そんなうっすらとした地獄から、私がもがいてもがいて、どうにか脱出するまでのお話です。

子どもにとって、親の影響はものすごく大きいと思います。親に情緒的な問題があっても、子どもにはそれが当たり前だから気づけないんです。そして、ようやく気づけた頃にはもう大人になってしまっている。どんなに嘆いても、もう子ども時代は戻ってきません。それはつらくて、悔しくて、行き場のない憎しみに苦しんでしまうことでしょう。当然だと思います。だって長い間自分らしく生きる権利を奪われてしまっていたのですから。それどころか、子ども時代に歪んだ思考や価値観を身につけてしまったせいで、大人になってもなお苦しいのですから。

でも、じゃあこのまま一生苦しんで生きていくの？　ずっと他人のせいにして嘆いていくの？　と考えたら、それは絶対にイヤと思ったんです。もっと楽に、幸せに生きていきたいと痛切に思ったんです。そう思えた時から、私の人生は変わっていきました。スイッチを入れるようにパッと変わったわけではありません。歯車が回るように、ゆっくり、でも大きく変わっていきました。

もし今、親との過去から自由になりたいと頑張っている方がいたら、この本がお守りになってくれたら嬉しいです。

目次

ブックデザイン　小口翔平＋嵩あかり＋村上佑佳（tobufune）

プロローグ

うちの母、
何かがおかしい？

昭和の終わり頃
都会でも田舎でもないような街で
私
ハム子は産まれた
私ももう40だし子どもはこの子1人だけでしょう
この子のためなら何でもしてあげたい
母は人一倍愛情をかけて育ててくれた
おやお出かけかい？
公園にどんぐり拾いに行くの
まあ図鑑持って
教育熱心でいいお母さんだねぇ

お父さんはまだ単身赴任かい？
はい
お母さん1人で大変だから
ハム子ちゃんもいい子にしてなきゃね
父は私が3歳の頃から離島へ単身赴任をしていて
はーい
家に帰ってくるのは2・3年に1回3日間あるかないかだった
○○公園
それがわが家にとっての当たり前だった
そうなのねぇ長いわねぇ

ハム子はおままごとが好きなのね
どーぞ
うん!
お母さんはもっと元気に遊んでほしいな
ほらあの子たちみたいに
ハム子は内気だから
もっと活発にならないとね
ねぇハム子
お母さんいいところ見つけてあげたわ

もうすぐ小学生だし精神を鍛えるためにここに通いましょう
申し込みしておいたから
剣道教室
月謝 5000円 週4
水・木 19:00〜20:00
土・日 12:00〜15:00
……他の習い事がいいな……
他のって？
えっと……
バレエとか……
プッ
アハハ…

バレエ？
その見た目で？
冗談やめてよ ハム子がやったら 笑われちゃうよ
バレエはもっと 上品なお嬢さんが やるものなの
カァァ…
ハム子には 剣道が合ってるの
ハム子のことは お母さんが一番よく わかってるんだから
お母さんは いつだって ハム子のためを 想ってるのよ
お母さんは 私のためを 想ってくれている

すごいじゃない！
お母さんの自慢の子だわ
私が結果を出すと誰よりも喜んでくれる
上手に描けた！
またそんなの描いて……
もっと意味のあることをしなさい
漫画なんてみっともない
やめなさいよ
私が間違ったことをしていると正してくれる

いつも私のために一番良い選択をしてくれる
高校は最低でもこのレベル以上には行ってもらわないと
ハム子
そうしないとお母さん恥ずかしくて……
外歩けなくなっちゃうよ……
15歳まで我慢して待ってたけど……
とうとう二重にはならなかったわね
それに良い学校に行くことは
ハム子のためなんだからね
私は二重なのに……
劣性遺伝ね

でも大丈夫よ！
中学卒業したら整形させてあげるからね！
娘のために整形までさせてあげる親なんてなかなかいないわよ！
麻酔しまーす
この頃にはもう「嫌だ」とか「やりたい」とか「好き」「嫌い」とか「合う」「合わない」とか
そんな簡単な自分の感情もわからなくなっていた
ただ私は「お母さんや世間に求められている私」でいることが正解だと思っていた
ねぇハム子

せっかく顔が可愛くなったのに
そんなに太くちゃみっともないよ
家族だから本音を言ってあげられるのよ
あら随分痩せたじゃない！
やっぱりハム子はやればできる子ね

お母さん……
私　吐いてるの……
過食嘔吐してる
から痩せたの
何よそれ……
やめなさいよ
そんなのもし
人にバレたら
どうするの
ハム子の意志が
弱すぎるのが
悪いんでしょ
そう
私が悪いんだ
お母さんはこんなに
いいお母さんなのに

私だって
治したい……
過食嘔吐　治し方
検索
摂食障害
（拒食・過食・過食嘔吐）は
心のSOSサインです
全てがそうではありませんが
母子関係が原因となっている
ことが多いと言われています
ずっと我慢して生きてきた
のではないでしょうか？
あなたが辛いと
打ち明けた時
向き合って
くれましたか？
この時
初めて母の違和感に
気づいたのです

第1章

私の生きづらさは
どこから？
まずはそれに気づくこと

母への違和感は少しずつ大きくなりました
進路を決める時も
芸能関係の専門学校に行こうと思ってるんだ
友人
なんで……？せっかく有名大学も狙える高校にいるのに
先生.
それ親は許してくれたの？
……うん
そりゃ最初は賛成してくれなかったけど

何度も話し合って私が本気だってわかったら認めてくれたよ
信じられない……
うちのお母さんだったら絶対許さないよ……
この子の親が甘すぎなんだ
そうですか
親は最終的には子どもを尊重してくれるものですからね
え……?
先生までそんなこと言うの……?
もしかしてウチの方がおかしいってこと……?

今日学校でね
大学じゃなくて芸能関係に進むって言ってる子がいたよ
そう……
その子の親がかわいそうね……
どうしても言うこと聞かなかったのね……
ハム子はおりこうだものわかってるものね
特別な才能がない限り
良い学校へ行き安定した職に就く
これが正しい生き方なのよ
そのルートに乗れない人たちのために

「個性の尊重」なんて
キレイごとが
流行ってるんだから
お母さんはいつも
ハム子の幸せを
願ってるのよ
確かに
母の言うことは
理解できるし
学歴もあった方が
いいのはわかる
でも
何だろう
このモヤモヤは

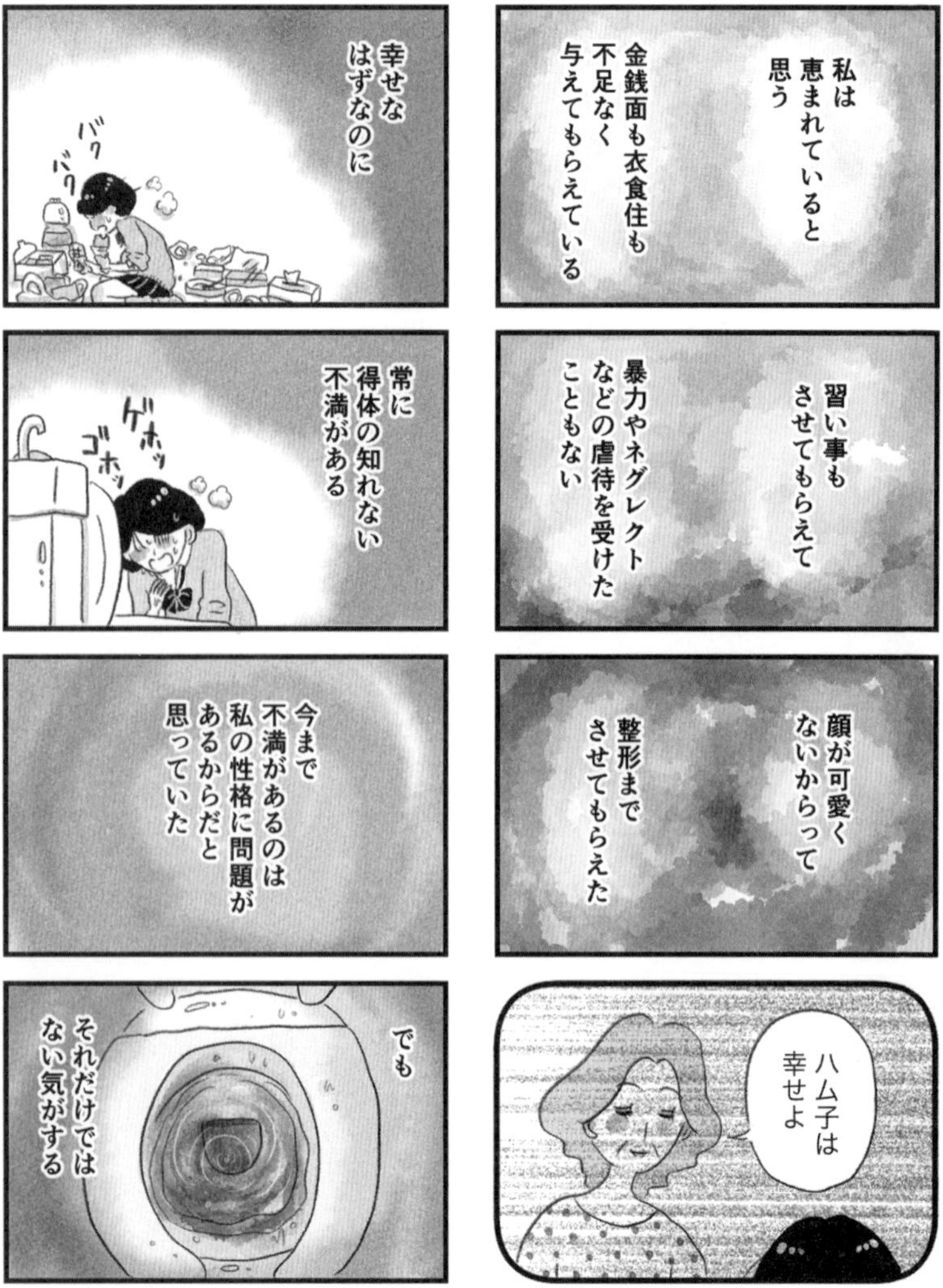

私は恵まれていると思う
金銭面も衣食住も不足なく与えてもらえている
習い事もさせてもらえて
暴力やネグレクトなどの虐待を受けたこともない
顔が可愛くないからって
整形までさせてもらえた
ハム子は幸せよ
幸せなはずなのに
バクバク
常に得体の知れない不満がある
ゲホッ
ゴホッ
今まで不満があるのは私の性格に問題があるからだと思っていた
でも
それだけではない気がする

親とは何度も話し合ったよ
私は今までずっと
母に従って生きている……
ウチは親と「話し合い」をしたことがない
いつも答えは最初から決まっていて
「親が子を従わせる」だ
きっと他の家はそうじゃないんだ……
私が不満なのは
母に人生を決められてしまっているからだ

母への違和感が決定的となった出来事

私は高校生の時、自分は母に人生を決められてしまっている。どうやら他の家はそうではないらしい……という違和感を覚えました。そしてこの時から、ずっと止まっていた大きな歯車が、ゆっくりと回りはじめた気がします。

わが家には、親と自分の将来や希望について話し合う習慣がありませんでした。一見話し合いのような、お互いの意見を言い合うパフォーマンスはありましたが、いつも最終的には私が母の意見に従うことでしか解決はできませんでした。

例えば、小学生の時にどうしても習い事の剣道が嫌でやめたいと母に言ったんです。すると一見話し合いのような機会がありました。母は、最初は「やめてもいいのよ。あなたが選んでいいのよ」と言うのです。でも途中から「もう少し続けた方があなたのためになるわよ」「子どものうちに簡単にやめることを覚えたら逃げグセがついてしまう」などと、どうにかしてやめない方向に持っていってしまうんです（後に知りましたが、これをダブルバインドと言うそうです）。私が「わかったよ。やめないよ」と言うまでそれは何日も続きました。

でも、やっぱりどうしても行きたくなくて、とうとう行けなくなってしまったんですよね。不登校の習い事バージョンのような感じです。月に1、2回は行ける日もあるのですが、行っても見学だけだったり。その期間は1年以上続き、母はずっと不機嫌でした。そして母はある日、同じところで剣道を習っている私の友だちに、道場に行く前に私の家に迎えに来てもらうようにお願いしに行ったんです。すると友だちが毎回迎えに来てくれるようになり、そのた

ダブルバインド（二重拘束）

「自分で決めろと言いながら本人が出した結論は否定する」のような相反する指示が下されること。

2つの矛盾した指示で板挟みになり最終的には従わざるをえなくなることでストレスを溜めこむコミュニケーションパターン。

びに「ほら、○○ちゃんが迎えに来てくれたよ！　行かないと嫌われちゃうよ！」と言われました。私は気が弱い方だったので、友だちに嫌われるのはすごく恐怖で、それ以来行くようになりました。母は「やる気を出させてあげるのは親の役目だからね」と誇らしげでした。このエピソードに限った話ではなく、いつもこのような感じで、結局は私が従うしかないことばかりでした。

　でもそれが普通で、良い親のすることだとも思っていたんです。

「良い親は、どんなに子どもに反抗されても凛《りん》として正しいことを教えてあげなければいけない。最近の情けない親は子どもが怖いからって、言うことを聞きすぎている。だから子どもにナメられるんだ」

「最近の教育はおかしくなった。『個性の尊重』なんて、学力の劣った者を救うために流行らせている、聞こえのいい言葉だ」

「世の中には本音と建前がある。本音は家族しか言ってあげられないんだ」

　これらは、母がよく言っていた言葉です。私もすっかりそう信じ込んでしまっていました。だから、友人が「親と進路を話し合って、親ではなく自分の意見が通った」

と言った時はびっくりしました。そしてそれを先生が肯定した時、さらに驚きました。これが例えば、親は医者になってほしいけれど子どもは弁護士になりたい、というケースならば先生が応援するのもわかります。でも、その子が希望したのは芸能関係です。安定とは正反対の難しい業界だということは、高校生でもわかります。

「まともな良い親は子どもに高学歴・安定した職を願うもの」「良い学校・良い職に就くことが普遍的な幸せ」と法律の如く信じきっていた私にとって、これは衝撃的な出来事でした。

ただ、衝撃的な出来事があって、じゃあすぐに価値観が変わったか……というとそうではありません。だって生まれてから高校3年生まで18年も信じて生きてきたものが、たった1回の出来事で簡単に変わることはないでしょう。ただ、この衝撃的な事件は、私にとって「初めての点」のようなものになりました。そしてこのような「点」が生きていくうちにどんどん増えていって、ある時、点と点が1本の線につながったような感じです。

ずっと母の希望通りに生きてきた

家庭って、閉じられた空間なんですよね。「家庭の方針」という言葉もあるし、外から口出ししてはいけない感じがあります。そして家庭の中のルールは、幼い子どもにとっては絶対です。だんだん大きくなるにつれ、外の異なる価値観に触れて「あれ？うちって変？」とやっと気づけるわけです。

それが例えば「門限は○時まで」などの目に見える家庭内ルールだったら、他の家庭との違いがわかりやすいけれど、「子の価値観は軽視されるのが当然である」のような、目に見えない空気のような家庭内ルールは、非常にわかりにくいんです。わかりにくいから、わからないまま生きていってしまう。

「正しい良い親の与えたものを受け入れられない子は悪」と信じ込んでいた私は、小さい頃から、習い事も、部活動も、進路も、就職も、服装や髪型も、ついには顔の造作さえも整形して、母の希望に従ってしまったのでした。「あなたのためを想って」。

これも何度も母から聞いた言葉です。

また、私と母の意見が違った時は「あなたが間違っているのよ」となりました。それは進路や部活選択などの大きな選択の時だけではありません。例えば、日常の中で「ピンクが好きなんておかしいわよ。青が素敵なのよ」と言われた時は、自分のピンクが好きな感性が間違っているんだ、と思ってしまいました。「声が高くてみっともないわね。お母さんみたいに低い声の方が落ち着いていて素敵なのよ」と言われた時は、自分の声は恥ずかしいんだと思うようになりました。

こういった、ひとつひとつは小さなことが日々積もっていって、自分の存在自体に自信が持てなくなってしまいました。

子どもの頃の私は〝自分は劣った恥ずかしい存在。でも母は正しくて優しいから、こんな私でも諦めないで正しい人間になれるよう導いてくれているんだ〟と信じきっていました。

そんな母の希望に応えるためには、私の希望や感情は邪魔なものでしかありませんでした。邪魔なものには蓋《ふた》をして、感じないようにする……それが子どもの頃の私が身につけてしまった、自分を守る方法でした。

そうやって母に従ってしまったのだけれど、でもやっぱり本音は自分の希望ではないから、心の中には不満とストレスがどんどんたまっていったんですよね。覚えている範囲だと、もう小学生の頃には常に心が重く、生きるのが楽しい！と心から思えた日はなかった気がします。でもそれが私にとってはスタンダードでした。不幸とは言えないけれど、幸せとも思えない。毎日うっすらとしたつらさがある……そんな感じでした。

高校2年生の冬、摂食障害を発症

小さい頃は母の希望に沿うことだけでしたが、思春期以降はそこにさらに友だちや先生、世間の評価も加わっていきました。私の中は、自分の感情や感性には蓋をして、母の意見や他人の意見、世間体が詰まっている状態でした。

このようにいろいろと詰まってはいるのですが、なぜかむなしいし、つらいんです。しかも成長とともにそのつらさはどんどん増していく。でもなぜつらいのかが自分ではわからない。もうどうしたらいいのかわからなくなって、実は一度、高校2年の夏に、母に「精神科に行きたい」と言ったことがあるんです。最初は「精神科に行くなんて誰かにバレたら恥だ」「そんなところに行ったら余計におかしくなる」と、なかなか連れて行ってもらえませんでしたが、私のしつこさに負けたのか、この時は近所の人

にバレないように二つ隣の市の病院に連れて行ってもらえました。病院ではお医者さんにヒアリングをしてもらいました。そしてお医者さんが出した答えは「思春期ですからね。正常です」。それを聞いて、私は愕然《がくぜん》としてしまいました。これくらいのことで病院に行く私がやっぱりおかしいんだ、母が正しかったんだ、と思いました。同時に、やっぱり世の中に私の気持ちをわかってくれる人なんて誰もいないんだ、とも思いました。そしてそれから約3か月後、私は摂食障害を発症してしまいました。そしてこの摂食障害は、治るまで約9年続くことになります。

母に人生を決められてしまっていた

これは今だからわかることですが、私の中が母と世間体で詰まっていたあの頃は、自分がいなかったんです。自分が不在でした。母の意見や世間体が私の中にあること自体が悪かったのではなくて、自分が無かったのがつらかったんです。

本当は子ども時代に、身体だけではなくて、心の中の自分も育っていかないといけなかったんですよね。でも私はそれが上手く育ちませんでした。

自分が無いから、常に人と比較してではないと自分を感じることができませんでした。人よりも優れていたり、世間的に良い位置にいる時は気分が良かったし、逆に人や世間よりも劣っていた時は、悲しみや嫉妬ですごく不安定になりました。自分を評価する時、世間や他人の目でしか評価ができなかったんです。だから世の中は、見下すか・見下されるかなんだと思っていました。……これではいつまでたっても心が休まらず、生きるのがつらいに決まっています。

そんな状態で高校3年生になり、先のような進路の話を友だちと先生として、

「私は親に生き方を決められてしまっているが、他の多くの子はそうではないらしい」

「多くの親は最終的には子どもを尊重してくれるらしい」

「わが家の方がイレギュラーらしい」という気づきを得ました。

気づけたのは、摂食障害になって、母に違和感を薄々抱いていたからだと思います。

それまでは母は正しい人だ、と盲信してしまっていました。もし盲信していた状態で

この出来事が起こっても、きっと友だちや先生が間違っているんだと思ってしまって、気づけなかったと思います。そしてこの気づきによって、麻《ま》痺《ひ》して固く動かなくなっていた心が、ゆっくりと少しずつ動き出していったのです。

第2章

心と身体を休ませて、自分と向き合う

ぼんやりと
自分の生きづらさには
気づいたけれど
そうすぐには
変われず
大学卒業後は
母の希望であった
教員になりました
指導できるなら
ぜひやってほしい
剣道部担当になり
ある日の
部活中のこと
ハム子先生が!
大変だ
先生が倒れた!
立てない!
○○病院

手術中
生徒たちと稽古中アキレス腱を断裂してしまいました
どうしよう迷惑かけちゃう
これくらいで休んじゃダメだ……
ぐっ
ダメだ……
足が動かない
それは私にとってはじめての強制的に休まされる体験でした
ずっと休んだりやめたりすることは「逃げ」とか「弱さ」だと思っていたから

この時休んでもいい正当な理由ができて
嬉しいと思う自分に気づきました
いやいやいや何考えてんの私
こんな状況で嬉しいなんてバカじゃないの!?
いつもだったらこうやって正しい感情を優先して
申し訳ない
早く
休みたい
嬉しい
湧き出てくる感情は押し込めて捨てていたけど
「申し訳ない」「早く復帰したい」が正しい感情でしょ?
この時は休む時間がいっぱいあったから

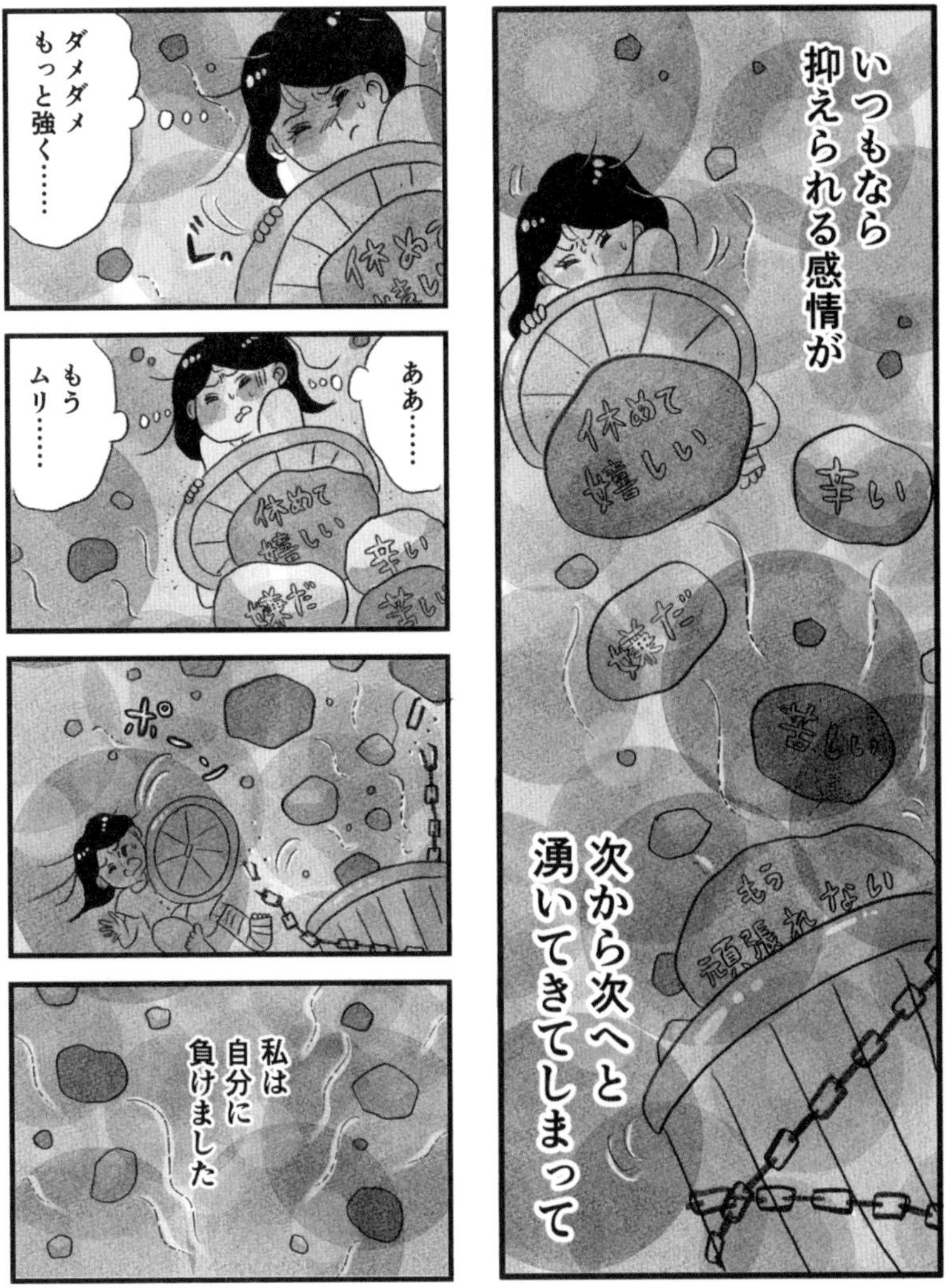
いつもなら
抑えられる感情が
休めて嬉しい
辛い
嫌だ
苦しい
もう頑張れない
次から次へと
湧いてきてしまって
ダメダメ
もっと強く……
ああ……
もう
ムリ……
ポーン
私は
自分に
負けました

負けたと
思ったけれど
湧き出てくる感情を
ありのままに
感じる作業は
不思議と
すごく
心地よくて
辛い
悲しい
そうか……
私は今まで
この感情たちを
自分で
殺して
いたんだ……
だから
つらかったのかも
しれないいな……

そして しばらくして
私には一度 ゆっくり休む時間が 必要だったんだな
自分と向き合う時間が 必要だったんだ……
もしかしたら ……
あれは 負けでは なくて
本来の自分が 作られた自分に 勝ったのかも しれない
……

自分の感情にずっと蓋をしてきた

入院して、やることもなくずっと休んでいる間、初めて自分の本来の感情に気づきました。24歳の時です。普段ならやることに追われ、そこまでたどり着けませんでした。強制的にゆっくり休めたからこそでした。

アキレス腱《けん》を断裂しないと自分の感情に気づけないって、相当ですよね。第1章で書いた母への違和感も、摂食障害になってようやく気づくことができました。当時の私は本当に心も頭もガチガチで、このレベルの衝撃がないと気づくことができなかったのだと思います。

それまでどうやって感情を押し殺していたかと言うと、とにかく頭の中を考え事でいっぱいにして、出てこさせないようにしていた気がします。私の脳内は、常に考え事、しかもネガティブなものでいっぱいでした。例えば以前、人にされて傷ついた出来事を何度も何度も思い出したり、自分がしてしまって、後悔している行動を何度も何度も思い出したり。そしてそのたびにイライラしていました。もっと明るいことを考えればいいのに、なぜか自然と頭に浮かんでくるのは、嫌な思い出がほとんどでした（これは後になって知るのですが、反すう思考と言うそうです）。

また、空想もよくしていました。こちらは先ほどとは対照的で、ネガティブなものではなく、自分にとって都合のいい空想ばかりでした。私が皆から尊敬されていたり、私の苦手な人が痛い目に遭ったりというものが多かったです。もちろん空想なので、現実とはかけ離れていることばかりです。現実では満たされない欲求を、空想の世界で満たしているかのようでした（これも後になって知るのですが、この状態を白昼夢、別の言い方だと自我の防衛機制と言うそうです）。

とにかく、常に頭の中はいっぱいで、本来の感情は出てこられない状態でした。

ニセモノの感情から本来の感情へ

本来の感情が出てくるまでは、ずっとニセモノの感情で生活していました。私は24

年間、感情は頭で考えるものだと思っていたんです。だから「正しい感情」「間違った感情」があると思っていました。でも本来、感情に正しいも間違いもないんですよね。

例えば10年間剣道をやっていたのですが、その間ずっと〝私は剣道が好きなんだ〟と必死に自分に思い込ませていました。〝剣道が好き〟というのが正しい感情で、〝正直自分には合っていないと思う〟というのは間違った悪い感情だと思っていたんです。間違った悪い感情が出てこないように、ニセモノの感情で頑丈に蓋をしていました。剣道だけではありません。生きていく中でさまざまなことを、この方法で押し殺していました。

自分の湧き出る感情をそのまま表すことは「自制心が足りない」「わがまま」「幼稚なこと」だと思い込んでいたんです。大人とは、自分の本来の感情よりも世間体を優先できること、だと思っていました。

それが、この入院時に、湧き出てくる感情を押し殺さず、自由にさせるというのは、私にとって新たな発見でした。自分の中で本来の感情がプカプカ漂っているようなイメージです。感情を正しいとか間違っているとかジャッジせずに、ただプカプカと、その場に在る……という感じ。今まで無いものとされていたものが、在るんです。存在を認められたというか。それは不思議と心地いい感覚でした。

ただ、本来の感情の存在を認められるようになって、すぐにパッと〝よし！これからは本来の感情で生きていこう！〟となったわけではありません。それまで長い間人生を共にしてきたニセモノの感情は手強く、なかなか簡単に消えることはありませんでした。でもこの時から、時間をかけて、本来の感情がどんどん強くなっていきました。ゆっくりと揺らぎながら、本来の感情を優先した生き方ができるようになっていったのです。

心と身体を休ませる方法

身体と心はつながっている、とよく聞きます。本当にその通りだと思います。

この時もゆっくり身体を休めることができたから、心に余裕ができて、いつもならたどり着けない境地に至ったのだと思います。身体が休まったから、頭も心も柔らかく、元気になれたのでしょうね。

今私は漫画家ですが、締め切りに追われて寝不足の時は、心に余裕がないのを実感します。しっかり寝ている時はできることが、できなくなってしまうんですよね。だからなるべく睡眠はきちんととるよう心がけています。

でもやっぱり仕事はあるし、なかなか難しい……。これは別に漫画家に限った話ではないですよね。教員時代も持ち帰り仕事がありました。学生時代も課題や勉強がありましたし、子どもがまだ小さかった頃は夜中も起きてばかりでした。どんな人にとっても、「上手に休む」スキルは、今の時代を生きていく上で必須なのだと思います。

ただ、布団の上に寝転がっても、頭の中が答えの出ない反すう思考や空想でいっぱいでは、上手に休めているとは言えません。私もいまだに、気づくと〝これは今考えてもしょうがないこと〟で頭がいっぱいになってしまっている時があります。

簡単にいうと「まぁ、いっか」や、「なるようになるよね」が上手くできなくなっている状態。この状態は、かなりしんどいんですよね。

そんな時は、思考を無理矢理にでもストップさせるようにしています。ストップと言っても頭を無にさせるわけではなくて、別のことを考えるようにします。今度の休みは何をしようかなぁとか。前向きになれることや、自分ひとりで答えが出せることです。

また、心を落ち着かせるには深呼吸が効果的と聞いたので、呼吸に意識を集中したりもします（瞑想やマインドフルネス系の本から学びました）。

この呼吸法は私に合っていたようで、深い呼吸を繰り返していると、だんだん頭の中がクールダウンしていくのがわかります。

あとは本を読むとか、音楽を聴くのも良いですよね。ストレッチや近所をジョギン

頭の中がごちゃごちゃしてきたら
一旦落ち着かせる。
私的に脳みその中に新鮮な風を通してあげるようなイメージ
スー
フー

グするのも良いと思います。でも身体を動かすのは目が覚めてしまうので、寝る前は難しいかもしれません。こちらは日中に〝今考えてもしょうがないこと〟で頭の中が止められなくなってしまった時に。私は仕事中、部屋にヨガマットを敷きっぱなしにしていて、いつでも身体を伸ばせるようにしています。

　こんな感じで、なんでもいいから、自分に合った方法を持っておくと安心できる気がします。自分を整えることができるおまじないのような、心のお守りのような感じです。

マインドフルネスとは
過去や未来の不安などの考えにとらわれすぎず
心が"今"に向いた状態にすること。
自分は今を生きているという実感を持てるようにする。
呼吸に集中する
吸う息は3秒くらい
吐く息は6秒くらいかけて
ゆっくりと。
楽な姿勢でいいけど
猫背など姿勢が悪くはならないように。
自分に"今"起こっているいることを観察する。
鼻で息が出入りしている…
外から鳥の声が聞こえる…
そのたびに胸が動いている…
目の前にアイパッドが見える…机が見える…
ふぅ
すぅ
ふぅ
もし途中でネガティブな考えが浮かんできてしまったら
今ネガティブな考えが浮かんできている…
今自分の中で起こっていることを観察する。
考えをストップし呼吸に集中しよう…
負の考えにのみ込まれない練習。
『うつ・不安障害を治すマインドフルネス ひとりでできる「自己洞察瞑想療法」』著・大田健次郎先生を参考にしています。

第3章

信頼できる場所を見つける

ケガから復帰して
しばらくすると
ご迷惑おかけしました
気づけば
20代半ば
周りも
ポツポツ
結婚しはじめて
おめでとー
私も
出会いの場へ
行くように
なりました
はじめましてー
お仕事は
何をされて
いるんですか？
職場の友人でー
教員です
こう言うと
大抵の人は
そうなんですか
良いですね！
と言ってくれる
しっかりしてる女性
いいよなぁ
……うん
まぁ
でもこの時
出会った人は

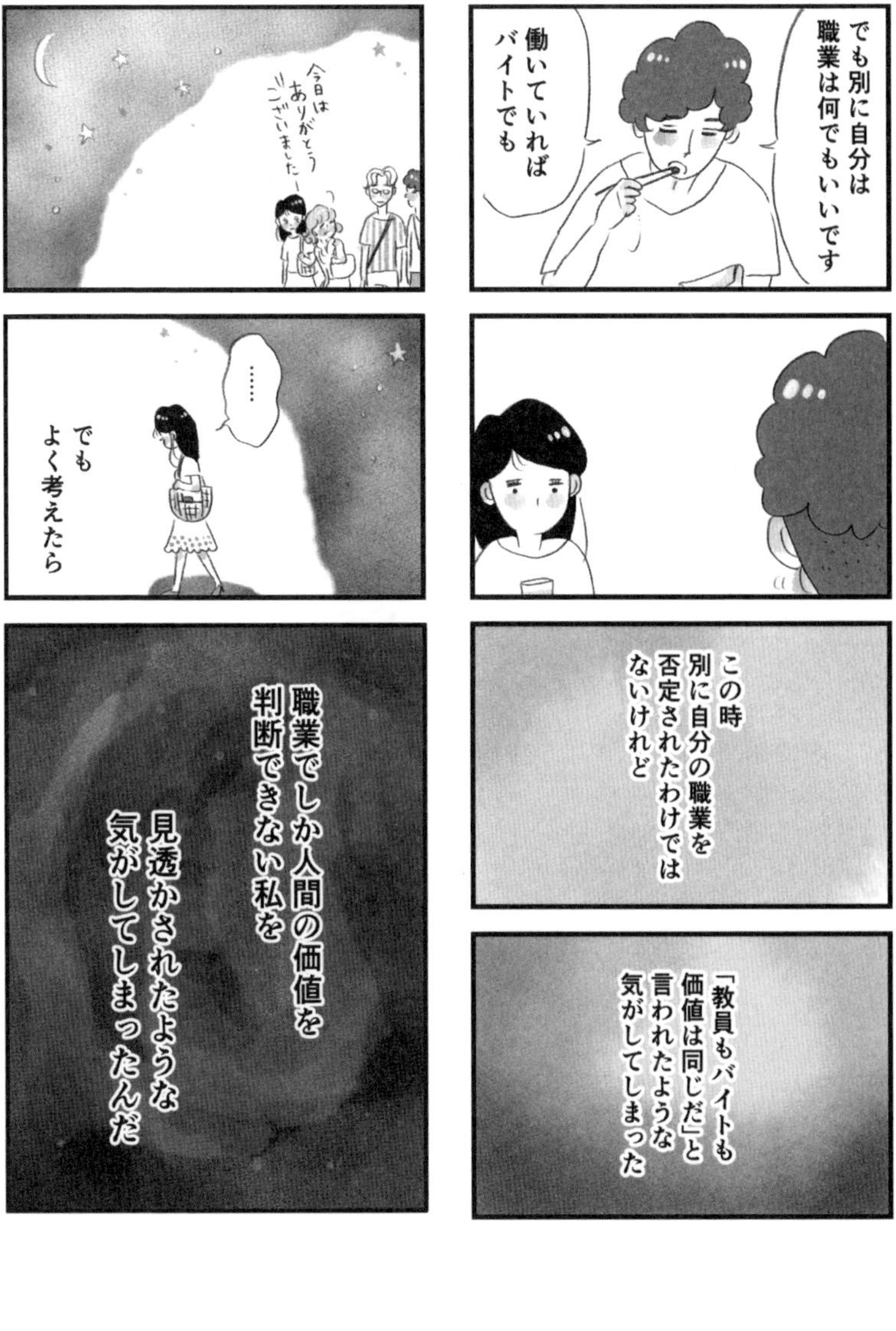
でも別に自分は職業は何でもいいです
働いていればバイトでも
この時別に自分の職業を否定されたわけではないけれど
「教員もバイトも価値は同じだ」と言われたような気がしてしまった
今日はありがとうございました〜
……
でもよく考えたら
職業でしか人間の価値を判断できない私を見透かされたような気がしてしまったんだ

私は
子どもの頃から
世間的評価が
高いところに
所属することが
自分の価値を
高めることだと
思っていた
目に見えないものの
価値なんて
しょせんキレイごと
優しさ
過程
誠実
人間性
努力
職業
学歴
容姿
地位
結果
目に見えるものは
誰からでも評価を
してもらえる
ハム子ちゃん
先生なんて
立派ねぇ
ありがとうございます
でも
心の奥ではずっと

ステータスにしか
価値を見いだせないなんて
私はなんて
むなしい人間なのだろうって
……なんだか
痛いところを
突かれてしまった……
♪ピロン
無題
今日はありがとう
ございました
またご飯でもぜひ
痛いところを
突いてきた彼
……

恋人の前では病的にわがままになってしまう

こうして痛いところを突いてきた彼（クマ男）と会うようになり、お付き合いするようになりました。付き合うきっかけはコレだ！　というものは特になかったと思います。恋愛や結婚をしたい年頃だったし、家も近かったし、条件も悪くないし……という感じで、ごく普通に付き合いはじめました。

当時の私は、ただの友だちの時や、付き合って日が浅い間は、ほとんどわがままを言いません。良い人を演じます。でも付き合ってある程度日数が経つと、だんだんわがままになっていきました。まさに猫をかぶっていて、化けの皮が剝《は》がれた感じですね。それが異常なほど顕著でした。

私の母は人前と私だけの時とでは別人格のように人が違ったのですが、私も恋人の前だけは母と同じでした。自分に近ければ近くなるほど、遠慮も配慮もなくなってしまうのです。付き合ってから日が経ち気心の知れた仲になったのなら、どんな私でも受け入れてくれるだろうと思っていました。完全に「わがまま」と「ありのまま」を混同してしまっていました。そして恐ろしいことに、当時は自分がわがままな自覚もありませんでした。

恋人には最低でも、私が求めているレベルまでは私を満足させてほしい、と思っていました。なにも完璧を求めているわけではないのだから、私が譲歩しているレベルまでは自己犠牲の上努力して、私を満足させるのは当然だと思っていたんです。

これも母とまったく同じ思考でした。母も、私が最低でも母の譲歩しているレベルまで達せないと許しませんでした。母が幸せや心の安定を得るためには、私が必要だったのです。

私も同じでした。私にとって幸せや心の安定は、自分に近い他者の言動で決まるものでした。自分で自分を幸せにする力がまったくありませんでした。私が幸せになれるかは、他者や環境で１００％決まると思っていたんです。

でも本当はそうではないんですよね。若い頃の私は、恋人関係であれ、友人関係であれ、サークルであれ、職場であれ、自分にとって１００％幸福な環境なんてない、ということがわかっていなかったんです。そして足りない部分は自分の力で埋めなければいけない、ということも、自分で埋めていく方法もわかりませんでした。いろいろなことがまるでわかっておらず、ただただ世の中の生きづらさを嘆いていました。

それでも外では、幸せそうなフリをしていました。常識のある良い人を演じていました。そんな外での反動もあってか、恋人の前では病的にわがままな、素の私が出てしまうのでした。素の私は、自分の意見が通らないとずっと怒ったりふてくされたり。まるで幼い子どものようでした。

そして大抵の人は、私がこんなにも病的に幼稚だとわかると、当然ですが嫌気がさし去ってしまうのでした。

どんな私とも向き合ってくれる人

ただ、このクマ男は違いました。私から去らなかったんです。いくら私の病的な幼稚性を見せても、怒りはしても去ることはありませんでした。過食嘔吐も受け入れてくれました。

こうやって書くと、なんだかすごく理解ある人格者のような感じがしますが、決してそういうわけでもないんです。ここには書きませんが、クマ男もまた、異常なほどわがままな部分がありました。私がそれをぶつけられても去らない代わりに、彼も去らないような感じでした。お互いの病的なわがままをぶつけられる同士だったというか。すごいダメージを与えているし、私も与えられている。傷つけ合っているから、つらかったです。でもこんなに向き合ってくれる人は初めてでした。

クマ男とは、摂食障害の病気のことやこれからのことを話し合っても、意見は合わず、喧嘩《けんか》ばかりしていました。

「病院に行っても過食嘔吐が治らないなら、この環境のままではきっと治らない。一度仕事を辞めて治療に専念した方がいい。仕事は治ったらまたすればいい。その間は同棲し、お金は貯金を切り崩して生活すればいい」

これがクマ男の意見でした。

私はこのクマ男の意見に納得がいきませんでした。「教職は簡単になれる職業ではないのだから、転職や結婚でもないのに辞めるのはバカだ」「結婚してくれるなら辞めてもいい」と伝えました。

　すると「結婚はとても大事なことだからまだ決められない。結婚以外で君を支えられることをしていきたい」と言われました。

　もうこれで半年くらい喧嘩していました。確かにクマ男の言い分もわかるんです。でも、次の保証がない中で仕事を辞めるのはどうしても抵抗がありました。

　だって結婚でも転職でもないのに、男の言いなりになって仕事を辞める女なんて、バカとしか当時は思えなかったんです。それに周りは私が摂食障害だなんて知らない

実は高3の時
摂食障害を治そうと
母にバレないように
保険証を持ち出し
病院に通ったことが
3回程ありました
そこでは薬を処方されて
いたのですが
私は飲んでも効果を感じられなくて
通院を辞めてしまいました
バイト代では
お金も続かなかったし…

し、単に「仕事がつらくて逃げた奴」「あいつに教師は無理だった」と思われてしまう。嘲笑されてしまう。ああ、彼が結婚さえしてくれればすべて上手くいくのに……と延々と悩んでいました。当時の私にとっては、自分の心身の健康なんかより、世間体の方がよっぽど重要でした。自分の心身の健康なんて、優先度はかなり低い、どうでもいいものでした。

そうこう悩んでいるうちに、答えを出さないといけない期限が来てしまいました。職場に次年度の希望を提出する日がやってきてしまったのです。私はとうとう最後まで決められませんでした。そこで私は「あなたが辞めてほしいと言っているから、辞めると言ってきたよ」と、彼の意見に沿うかたちをとりました。

あなたの言う通り仕事辞めてきたよ
最終的に決めたのは自分だろ？
嬉しい……？
ポロ
ポロ
そんな……泣くほど嫌なら辞めないでよ……
あれ……？この言葉前にも誰かに言われたことがある気がする……
確かに辞めてほしいとは言ったけど
俺のせいにはしないでよ
最終的には自分で決めたんだから人のせいにするんじゃないよ！

そんなに嫌だったんなら もっと本気で抵抗すれば 良かったのよ
お母さんだ
お母さんにも昔 同じことを 言われた……
何それ……
私が悪いって こと……？
私は自分を犠牲にして あなたを優先したのに…
なんでそんなこと 言うの⁉
なんでよ！ なんで私が 悪いことに なるのよ

……でも
その通りかも
しれない……
私は自分じゃ
決断できないから
人に頼っている
のかもしれない
自分で決断して
失敗するのが
怖いから……
失敗したら
すべて自分の責任に
なってしまうから
「人に決められた」
という言い訳を作って
いるのかもしれない
自分で決断したら
失敗した時の苦しみも
すべて自分で引き受けなきゃ
いけないから
私にはその覚悟が
ないんだ……

私にとっての衝撃的な気づき

この時、新たな気づきがありました。私には自分で大きな決断をして、責任を持つ覚悟がなかったんです。

当時の私は、人生の大きな決断での失敗は、絶対に許されないことだと思っていました。また、もし失敗してしまったらそこから立ち直るのは不可能だとも思っていました。それまで何かから立ち直ったという経験がなかったために、立ち直る術がまったくイメージできなかったのです。

それに他人は過去の失敗をずっと覚えているし、たとえその後が良かったとしても、その過去の失敗を嘲笑され続けると思い込んでいました。これは母と私自身がこの思考だったから、他人もそうなんだろうと思い込んでいたんですよね。今思えば、母と私はいつも他人を見下せるポイントを探していました。そうすることで相対的に自分は「上」だと思えていたのでしょう。だから、もし大きな決断で失敗したら、他人から見下される材料になってしまうと思っていました。自分でも自分を延々に責め続けてしまうことでしょう。そうしたらますます自分が嫌いになってしまいます。それだったら誰かに決められて、仕方なく決断したことにした方が楽だ……という思いが、ほぼ無意識下ですが、確かに私の中にはあったんです。

　この気づきも、当時の私にとってはかなりの衝撃となるものでした。クマ男はこんな感じで痛いところばかり突いてくるのでした。

　でも、去らないでいてくれました。私のどんな面を見せても、受け入れてもくれないけれど、逃げないでいてくれる。怒られるし喧嘩ばかりで疲れるけれど、私に正面から立ち向かってくれる。そして私も立ち向かっていける。それは、武装していないむき出しの心同士が相撲を取っているような感じでした。

　私にとってこの関係性は、過去の恋人にも母にも感じたことのない手応えでした。そしてこの手応えは、いつの間にか信頼に変わっていくのでした。

　私には表面上の私だけではなく、心の中の私、つまり成長が止まったままの幼稚な私と向き合ってくれる人が必要だったのです。

第4章

好きなことを見つける、
やってみる

仕事を辞めたことを母に伝えると
何考えてるの！
何か資格でも取るんでしょうね⁉
着信中
お母さん
あぁ…周りの人に顔向けできないわ……
当然だよな……頑張って育てた娘が無職なんて許せないよね……
でも娘よりも世間体が大切なんて……！
私の中にはこの両極端な2つの思いがありました
そんなモヤモヤを抱えて全然スッキリしない日々
やることがないからこんなことばっかり考えちゃうんだ
せっかく仕事辞めて時間ができたんだから
何か趣味でも持たなくちゃ

何をやろう……
私の好きなことって何……？
趣味探しのサイト
美味しいものを食べること？
……食に関することは吐いちゃうからダメ
友だちと遊ぶこと？
でも無職なんて言ったら皆に何て思われるか……
絵を描くこと？
他人から地味なイメージを持たれそう
Sketch book
スポーツは足をケガしてから無理できないし
音楽はしっくりこないし
取りたい資格も特にない…
私……自分の好きなことがまったくわからない……
皆どうやって自分の好きなことを決められたんだろう

クマ男さんは いつから 車が好きなの？
いつから……？
うーん…… 昔から……
きっかけがあった とかではなく 気づいたらって感じ
いいなぁ 自分の好きなものが 決められて
決めたって いうか……
自然に過ごしてたら 見つかっただけだよ
私　自分で自分の 好きなことが わからないの
見つかる気も しなくて
生きてても なんだか むなしくて……
でも どうすればいいのか 全然わからないの
……って こんなこと言われても 困るよね
う うん

うーん……
でもまぁ
趣味があったら人生が豊かになるのは確かだろうけど
ないからといって人としてダメってわけじゃないから
この言葉に救われました
そっか…趣味がなくても人としてダメってわけではないよなぁ…
♪ ♫ ♪
はい
ピッ
ハム子 久しぶりー 元気ー?
学生時代の友人.
……実は仕事辞めちゃってね……
そっかー大丈夫? なんかあった?
また遊ぼうよ

CAFE
……もっと憐れまれるかと思ったけど
そんなことないや……
でさー
友だちもクマ男さんも私が何者でなくても別に気にならないんだ
何者でもない私を受け入れられないのはお母さんだけなのかもしれない……
あと私自身……
それは〝私そのもの〟を受け入れてもらえているような初めての感覚でした
そして数年が経って

クマ男さんと結婚して子どもが産まれて
何してんの？
育児日記描いてる
写真だけだと残せないエピソードをイラストで描いてるの
8月10日
おもちゃ屋にて
家に帰って
毎日？
んー
ほぼ毎日かな
育児日記 ③ 4月へ
育児日記 ② 12月〜3月
育児日記 ①
じゃあこれがハム子の趣味だね
……そうかもでも自覚なかった
気づいたら描いてた……
本当に自然に生きていたら好きなことが見つかりました

何者にもなれない私

「趣味がないからって別に人としてダメってわけじゃないよ」

漫画にも描いたように、私はこの言葉に救われました。実際、私が育児漫画に出会ったのは子どもが生まれてからなので、それまでは趣味という趣味のない状態でした。当時の私は仕事を辞めてしまって、付き合っている彼も結婚してくれない。社会人でも主婦でもない、夢中になれる趣味もない。そんな何者にもなれない自分が情けなくて仕方ありませんでした。摂食障害を治すために休んでいるとはいえ、家事以外は何もしていない。今までの経歴も資格もすべて無駄にして、母が私にかけてくれた教育を水の泡にしてしまった。そんな自分のことを、すごく劣った人間だと評価していたんです。

でも、そんな状態でも、友人たちやクマ男は一緒にいてくれたんですよね。もっとしっかりしなよ、などとは言わない。かといって妙に優しくもならない。私が仕事を辞める前とまったく同じ態度で接してくれるんです。彼らは私がどんな状態だろうと、それほど気にしていないようでした。

当時、母からよく電話がかかってきて、いつになったら目を覚ますんだ、これからどうするんだ、何か資格の勉強を……などと言われていました。でも、そんなことを言っているのは、気づいたら母だけだったんです。もちろん最初は〝こんなことを言ってくれるのは家族である母だけだ〟という思いもありましたが、家族でこそないものの当時一緒に暮らしていたクマ男は何も言いません。母と離れて暮らす時間が長くなるにつれ、その思いは徐々に薄くなっていきました。それは私の中での母の威力がだんだんと弱まっていく感じでした。

体形と整形への受け止め方の変化

思春期の頃の私は、母に太っていると言われ、蔑《さげす》まれることがすごくつらいことでした。今思えば思春期で体重が増えた頃も標準内でした。でもスリムな体形を理想としている母にとっては、妥協できるラインを超えてしまったのでしょう。

当時は吐いているから痩せていたけれど、吐かなくなったらまた戻るのは確実でした。そうしたら、母に会った時にまた蔑まれるのも想像できました。母以外でも、痩せている頃を知っている知り合いに会って、太ったことで見下されると考えると恐怖でした。

でも、ある時から、ほとんど会わない関係の薄い人にどう思われるかよりも、今も私のことを大事にしてくれている人たちの方が大切だ、と思うようになったんです。

〝きっとクマ男や今もつながっている友人たちは、私が太ったとしても変わらない態度で接してくれるだろう。むしろ摂食障害が良くなったことの方を喜んでくれるだろう〟。そう思えました。

そして私自身も、確かに太るのは嫌だけれど、摂食障害がこのまま一生治らないのはもっと嫌だ……と思うようになりました。

そうしたら、揺らぎながらではありますが、少しずつ少しずつ過食する回数、嘔吐する回数が減っていきました。3日に1回だったのが週1回になり、隔週になり、月

1回になり……ついに26歳の時に完全にやめることができました。この長くしぶとかった摂食障害を克服できた経験は、今でも私の中で大切なお守りになっています。

また、この頃ちょうど二重《ふたえ》埋没法（※）の整形も取れてしまったのですが、それも再手術はしない選択をしました。これも、クマ男や友人たちは、私が一重だろうと二重だろうと受け入れてくれるだろうと思えたからでした。

体形同様、顔の造形も、母や他人に蔑まれることが一番の恐怖でした。確かに世の中的に、顔の造形が良い方がいいということはわかっているし、それはもう事実でし

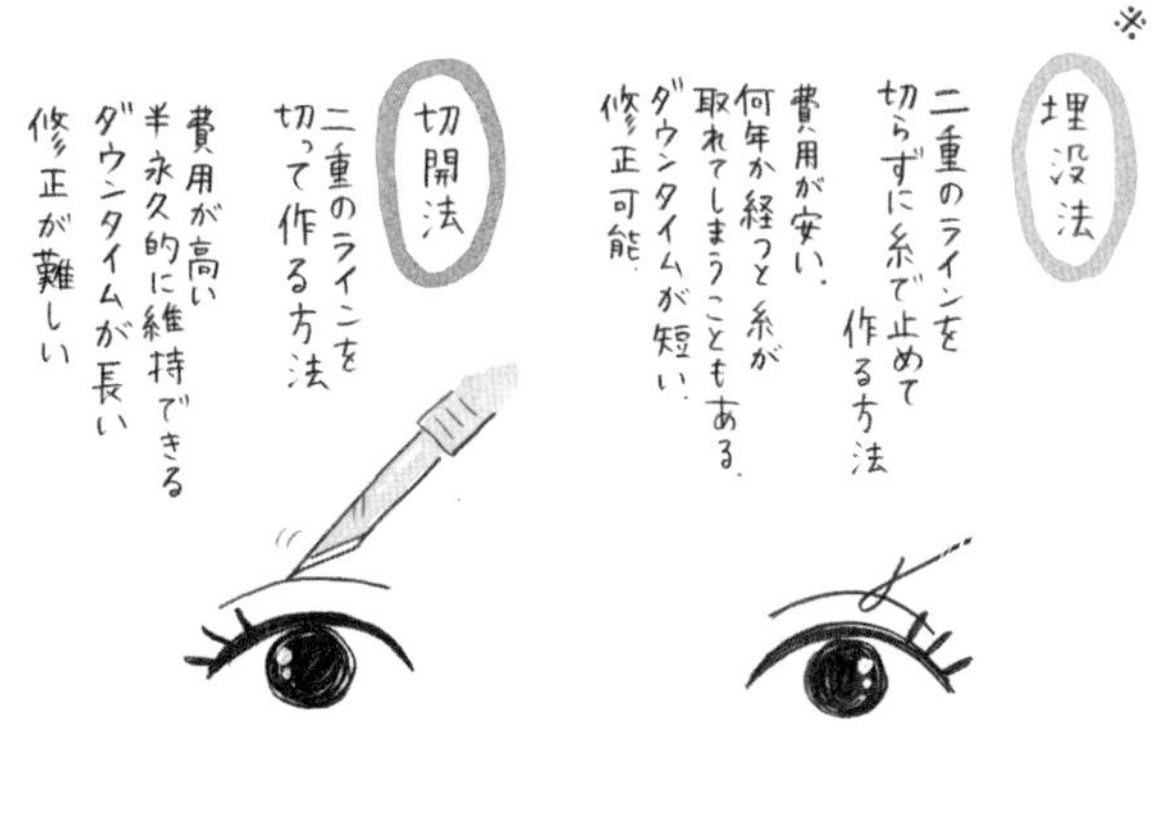

※
埋没法
二重のラインを切らずに糸で止めて作る方法
費用が安い。
何年か経つと糸が取れてしまうこともある。
ダウンタイムが短い。
修正可能。
切開法
二重のラインを切って作る方法
費用が高い
半永久的に維持できる
ダウンタイムが長い
修正が難しい

ょう。

　でもまた埋没法をしても取れてしまう可能性はあるし、リスクなどいろいろ考えると切開法（※）をする勇気まではない。私としては顔そのものの造形よりも、髪型や服装、メイクの方を重要視している。また、母は私を一重だと言うけれど実際は奥二重で（母は幅の広いパッチリとした目以外は二重と認めなかったんです）、埋没法が取れたところでそこまで大きな変化はなく、人間関係に支障が出る可能性は低いだろう。そもそも大人になってからは友だちも限られた人としか会っていないし……などなど、考えた結果やらなくていいやと思いました。

　そしてこの選択も後々母に文句を言われたのですが、その頃にはもう母の意見は気にしなくていいと思えるようになっていました。母や世間が理想とすることと、自分の中でベストだと思うことには、ズレがあって当然ということがわかっていったのです。

好きなことが見つかった！

そしてこの頃、結婚の話が出てきました。この頃になると正直、「もう別れても大丈夫だな」と思いはじめていたんです。若い頃の私は恋愛していないとダメ！というタイプだったのですが、〝もう今なら自分だけの力でもどうにかなる気がする〟とぼんやり思えていました。

クマ男はそれを感じ取ったのかもしれませんね。今のハム子ならもう結婚しても大丈夫だろう、と。結婚してほしいと切望していた頃は叶わなかったのに、その切望が消えたら結婚することができました。

この結婚までの何もしていない期間は、1年ほどありました。きっと私はそのくらいガッツリ休まないと回復できなかったのだと思います。何もしていなかったのではなく、「休む」をした、重要な1年間でした。やっぱり休むって重要です。生きる上での基本なのだと思います。それまでずっとマイナスだったエネルギーが、この1年でようやくゼロに戻った気がしました。

そもそもエネルギー不足の状態で、趣味や新しい何かを始めるなんてできるはずがなかったんです。エネルギーがプラスになって初めて、「なんとか生きる」から「楽しく生きる」に変われた気がします。

そして、気がつけば育児日記を４コマ形式で描くことが趣味になっていました。よし、これを趣味にするぞ！　と思って始めたわけではありません。なんとなくその当時（２０１５年頃）、ＳＮＳが普及しはじめ、育児日記を投稿する人が多くて、その流れに乗った感じです。本当に自然に生きていたら自然と好きなことが見つかりました。

逆に今まで見つからなかったのは、自然に生きていなかったからだったんだなぁと思いました。「好きだけど嫌いと思わなくちゃいけない」（またはその逆）、「感情は心で感じるものではなく脳で考えたものが正しい」という哲学で長い間生きていると、自分で自分の好きなこと・苦手なことがわからなくなってしまうんですよね。

また、私は今まで何かにチャレンジすることに対して「練習時間を無駄だったことにしたくない」という思いがありました。どんなに頑張っても結果が出なければ意味がない。中学3年生の時、母の希望で5歳から頑張って続けた剣道を、「あなたは結果が出せなかった。これ以上続けても惨《みじ》めになるからもうやめて」と泣きながら言われた時は、複雑すぎて感情の整理がつかないほど、ものすごいショックを受けました。だから、将来につながらない、努力してもメリットになるかもわからないようなことに多大な労力を費やしたくないと思っていました。新しいことにチャレンジすることは苦だと思っていたのです。

それが、育児日記の4コマ漫画は、気づいたらほぼ毎日描くようになっていました。そのうち睡眠時間を削ってまで描くようになり、ここまでくると、自分でも私は漫画を描くのが好きなんだ……と思わざるをえなくなりました。そしてそれがだんだん、好きでいいんだ、と思えるようになりました。だって、まず純粋に楽しいんです。

でも続けていくと、楽しいことばかりではないということにも気づきました。なかなか思うように上達しなかったり、フォロワー数が伸びなかったり、同時期に始めた人がプロデビューしたことに勝手に嫉妬したり、辛口コメントがついたり……。しかしそんなつらさを乗り越えるために試行錯誤し、努力することによって学びがありました。同じようにSNSで漫画を描いている仲間と実際に会ったりもするようになりました。ああ、「趣味は人生を豊かにする」とはこういうことか、とわかりました。

自分の好きなことがわからない人へ

私はそれまで「自分がコレだ！ と思える好きなものに出会いたい」と考えていました。でも、その考え方ではなかなか見つけることができませんでした。そもそも好き・嫌いの感覚が麻痺してしまっているから、好きを見つけること自体が難しかったのです。

だから、そんな私のような方は「コレだったらやってもいいかな」「この中だったらコレがマシかな」くらいの気持ちで充分なのだと思います。それもまだ難しいなと思う方は「これは嫌だな」を避けていくことから始めていけばいいと思います。

好きよりも、嫌いの方がわかりやすいと思うんです。ポイントは直感を信じること。私は頭で考えすぎるとわからなくなってしまうから、迷った時こそファーストインプレッションを大切にするようにしています。

そしてフットワークを軽くすることも大切です。私のような人は、じっくり考えてしまうと「挑戦しない方が良い理由」がたくさん浮かんできてしまうので、まずは軽い気持ちでやってみること。やってみて、やっぱり向いてなかったなと思ったら、また軽い気持ちでやめればいいんです。仕事じゃないですからね。また、やめたからといって無意味だったわけではありません。その「自分で道を切り開こうとした」経験は、もしかしたら実感するのはもっと後になるかもしれませんが、必ず自分への自信になります。

自発的に取り組んだことというのは、上手くいった経験と同じくらい、失敗した経験も宝になります。私はこれを大人になってようやく知りました。子どもの頃からこの経験ができた人が羨《うらや》ましいです。

私は今 コントーションというものを習っています
漫画が趣味から仕事となり
子ども達も小学生になって だんだん手が離れてきて、
何かやりたいなぁと はじめました。

出会いはテレビで
プロのパフォーマーさんを観たこと。
これやりたい！とわかりました。

それまでは近所のジムで
なんとなくヨガやダンスを
やったりしていたのですが
（うーむ、好きなんだけどコレじゃない）感が
あったんです。

コントーション
モンゴル発祥の
軟体で魅せる
サーカス芸

まわりに
やっている人はいないし
我ながらマニアックだなぁと 思いますが
なんだかんだ続いています。

第5章

考え方のクセに気づく

子どもが小さくて
まだお昼寝する頃
よく
子育てに関する
本を読んでいました
いい親になれるか
不安だな……
何冊も
読んでいると
またこの話だ…
自分の心が反応する
ワードがわかって
きました
アダルトチルドレン
自己肯定感
自己愛
過干渉
気になるワードに
ついて
掘り下げていく
ようになり
すると
何これ……

本や
ネットの世界には
私と同じような経験をした人がたくさんいて
幼い頃から母が私の意見を尊重してくれたことはありません
そのためか大人になった今でも様々な場面で苦しさを感じてしまいます
同じようなつらさを抱えながら生きている人がこんなにいるんだ……
私は自分が書き込むことはできませんでしたが
変なとこビビり
過干渉で育った子は自分というものがなくなります
私の人生の答え合わせみたいだ……
あっ…
「あなたのためよ」「あなたが心配なのよ」が口ぐせ
こっちはお母さんの答え合わせみたいだ…

自分と同じような悩みを読んで
お悩み相談 ROOM
30代 女性
親に感謝すべきと
わかってはいますが
どうしてもできません
それをわかってくれる書き込みを見ると
››主さん
わかります
私も同じ。
「いい歳してまだ
親のせいにして…
と自分を責めちゃうん
ですよね
私の気持ちもわかってもらえたような気がして
前向きな感情が生まれていきました
人には誰しも
考え方のクセ
があります
?
考え方のクセ?
他人の機嫌が悪いと
自分に原因がある
と思っていませんか？

小さい頃
母の不機嫌は
私が悪い
からだ……
と思っていた
他人に対しても
私が
いたらない
せいだ……
大人であれば
自分の機嫌は
自分でとるのが
前提です
親から子への不機嫌は
非言語メッセージによる支配
とも言われています
このような感じで
私にはたくさんの
考え方のクセがある
ことを知りました
そっか……
私が
生きづらいのは
考え方のクセが
原因なんだ…！

本やネットの世界に救われる

本やネットの世界に出会って、一気に私の歯車が加速した気がします。私はそれまで、自分の生きづらさや心の深い部分を人と共有する機会がほとんどありませんでした。

友人にこんな暗くて重い話をするのは気が引けたし、クマ男にはたまに話していたのですが、クマ男はその手の話をあまり聞きたくないタイプでした。私が話しても途中から「またその話？　もうしつこいよ」という感じだったので、私も話さなくなりました。でもまぁクマ男は別にカウンセラーさんではないし、当然なんですけれどね。

カウンセリングや適切な機関に行って話を聞いてもらえばよかったのですが、私は以前病院に行っても解決しなかった二度の経験から、自分から行こうとはなかなか思えなかったんです。

だから本やネットの世界に出会って、初めて自分の悩みや生きづらさを共有できる喜びを知りました。当時は暇さえあればその手の本やサイトを読みあさっていた気がします。私の気持ちを代弁してくれているような書き込みを見つけては感情移入し、自分の中のものを消化していきました。本やネットの中には私と多少の違いはあれど、似たような環境で育った人がたくさんいました。また、同じような生きづらさを抱えながらも、それを克服していった先輩たちもたくさんいました。

それは私にとって同志を得たような、安心できるような、励まされるような感覚でした。

自分を知る

本やネットを読みあさっているうちに、だんだんと自分についての知識がついてきました。私のようなタイプは、考え方にたくさんのクセがあることがわかりました。

例えば、「世間体より自分の感情を優先することは幼稚なこと」。この考え方だと自分を苦しめるということを知りました。「愛されるためには自分以上でなければならない」。これも自分を苦しめる考え方だとわかりました。

「世の中は見下すか・見下されるか」という考え方も間違っていたし、「人からすごいと思われることが幸せ」という考え方も歪んでいました。もう書き出すと書ききれないくらい、いろいろなことを私は間違えていたんです。

なぜこのような考え方のクセがついてしまうのかというと、やっぱり育ってきた環境が大きいようです。私は自分が「親が子どもの生きる力を奪う環境」のテンプレートのような家庭で育っていたことを知りました。過干渉で子どもの意見や感情を無視する母親と、無関心で存在感のない父親はその典型的な家庭だそうです。

そしてこのように、自分がこうなってしまった原因や、自分が今持っている思考のクセを知識として知ることができると、これから必要なことも見えてきました。

私がこれから必要なことは、今までの考え方のクセを修正することと、今はまだ持っていない、生きやすくなるための知識を手に入れていくことでした。

私の知らなかった知識の中のひとつに、「心の境界線」というものがあります。

心の境界線
心の境界線？
聞いてもピンときませんでした
心の境界線（バウンダリー）とは
自分と他人の心の領域を分ける目には見えない線のこと
境界線が守られていれば
私とあなたは別の人間だから別の感情や考えを持っているよね
ということをお互いに認め合える
でも境界線が薄かったりあいまいだと
自分の領域に侵入されてしまったり相手の領域に侵入してしまう
健全な境界線を保つことができるかで人間関係は大きくかわります
なるほど……

母とまったく同じことをしていた

心の境界線と聞いても、最初はピンときませんでしたが、この話を知って、大学時代のエピソードを思い出しました。

大学の時に付き合っていた彼氏は、ちょっと垢抜けない感じだったんです。私としては〝ハム子の彼、かっこいいね〟と皆に言われる見た目になってほしかったので、彼を私の行きつけの美容室に連れて行き、服も一緒に選び、メガネだったのをコンタクトにさせました。すると随分垢抜けました。かっこよくなって彼本人も嬉しいだろうと信じていました。

ところがそれは1か月も続かなかったんです。彼はメガネに戻し、髪型も整えずに大学に来るようになってしまいました。理由は毎朝のセットが面倒くさいのだそうです。私はがっかりしました。

「そのくらい頑張らないとダメだよ！」「またダサくなっちゃうよ！」「私と2人の時

はいいから、せめて大学に行く時だけはちゃんとして！」と必死に訴えました。彼はその場では「……うん」などと言うのですが、結局垢抜けない姿に戻ってしまいました。

私はこの時、本気で彼のためになると思ったのです。かっこよくなるのが彼にとって幸せだと疑いませんでした。悪気なんてありませんでした。むしろ向上心のない彼を情けないと思いました。

当時の私は本当に母そっくりでした。母にされたことを、彼にも当たり前のようにしていました。悪意なんてまったくなく。きっと母もそうだったのだと思います。本気で善意だと信じていたのでしょう。

このように、心の境界線がないと、自分の領域への侵入を許してしまうだけではなく、他人の領域に自分が侵入してしまう可能性もあるんですよね。恐ろしいです。

また、生きづらさを克服した先輩たちの話によると、「親を恨むのは当然のこと」「一度完全に恨み切って、初めて次のステップに進むことができる」とありました。私はこれにすごく救われました。

自分のことが
わかっていくにつれ
やっぱり
私の苦しさはお母さん
が原因だったんだ……
悔しい……
お母さんの
せいで……
いい歳して
まだ親のせいにして…
いい加減大人になりなよ
世間
親には
感謝しなくちゃ
あなたより
つらい人は
たくさんいますよ?
一般論
世間
常識
…わかってるよ…
でもどうしても
恨んじゃうんだよ…
にゅっ
大丈夫だよ
私たちも昔
君と同じように
思ってた
親を恨むのは
当然だよ
世間
常識

でも…
こうやって恨んで
いるのもつらくて
わかる
わかる
そうなんだよね
親を恨むように
なったことは
大事な通過点です
君が納得いくまで
自分の感情を味わいつく
したらきっと手放せるよ
世間
常識
パタン…
まだ全然手放せる
気がしないけど……
いつかそうなる日が
私にも来るのかな……

本やネットで得た知識を実践してみたら……

こうやって一時期は本やネットの世界に浸《つ》かっていた私ですが、ある時気づいたんです。〝また同じサイトにたどり着いた〟ということが多くなってきたことに。

つまり、私は何度も似たようなことを検索しているということですよね。本やネットは、自分の知りたい情報だけを手に入れることができます。別の言い方をすると、自分にとって都合のいい情報だけを見ることができてしまうんです。

その点、外の世界は違います。外の世界はいろんな人がいて、いろんな価値観を持っているから、自分にとって都合のいい話ばかり聞いていることはできません。時には自分にとって嫌な話を聞くことにもなります。

例えば、私は当時「子育ては子どもの意見を尊重してあげるべき」という強い価値観を持っていたので、ママ友が言った「親がある程度子どもをコントロールしてあげるべき」という価値観に、どうしても嫌悪感を覚えてしまったんです。

そんな時は、先に書いた「心の境界線」を思い出して「私は私。この人はこの人。考え方は違っていい」と自分に言い聞かせました。

このように、現実世界は本やネットで得た知識を実践する良いトレーニングになりました。いくら知識を持っていたとしても、上手く使えないと持ち腐れですもんね。やはりリアルな人間社会の中でいろいろな心の経験をすることが、一番成長できると実感しました。

当時はこうやって、自分で自分を育て直している感じでした。この時息子が幼稚園くらいだったのですが、一緒に育っていっている感じがしました。

心の境界線がわかっていれば
それは あなたのものであって 私のものではありません
あなたがどうにかすべきものですよ
希望
受け入れるものを選択できる
逆パターンも気づける
あ コレは 私の課題だ…
子どもの領域に持って行っちゃダメなやつだ…
不安

第6章

白黒思考から自由になる

ポン太(息子)が
幼稚園に入って
お友達に誘われ
近所の陸上教室に
通い始めました
グラウンド2周ー
よーいドンッ!
ポン太
遅いな……
これじゃあ
やってても
楽しくない
かもしれない…
ねぇポン太
母ちゃんとお外
走りに行かない?
行くー

これで少しは速くなるといいんだけど……
でもこれって親のエゴ…?
別にポン太自身が速くなりたいって望んだわけじゃない……
私がそうなってほしいって
ポン太に希望を押し付けてる…?
クマ男さんどう思う!?
…えー?
なんていうか……
ハム子は極端だなぁと思うよ

もちろんポン太が嫌がって泣いてるのに無理やりやらせるのは良くないと思うけど
うーん…なんていうか……
世の中そう白か黒かじゃないんだって
今は全然そんなことないじゃん
確かに子どもを無視して無理やり押し付けるのは悪かもしれないけど
だったらまったく問題ないと思うけど
親が子の背中を適度に押してあげるのは良いことだと思うよ
でもポン太が自分からやりたいって言ったわけじゃないよ？
その違いわかるでしょう？

私は今まで
ものごとを
白か黒かでしか
考えられて
いなかった気がする
だから例えば
人間関係でも
せっかく仲良く
なれそうだった人でも
私にとって
嫌な部分があると
……
「嫌な人」
カテゴリーに
入ってしまった
私には
「好きな人」と
「嫌な人」
しかいなかった
敵か味方か
とも言える。
好(味方)
嫌(敵)
だから好きな人は
すごく少なかった。
あと別枠で
「気に入られたい人」
もいた。
でも他の人は
あー上司
エラそうでムカつく

今度の釣りでも
どうせエラそう
なんだろうなー
えっ
ムカつくのに
一緒に釣りに
行くの…？
うん まぁ
ムカつくけど
釣りくらいなら
行ってもいいかな
きっと世の中の
多くの人には
好
嫌
好きでも嫌いでもない
このゾーンが
あるのだと思う
（そしてこのゾーンが1番広い）
私には
それがないから
人と会う時は
常にうっすら
緊張していて
この人は…敵？味方？
（ジャッジの目）
その不自然な緊張のせいで
相手のこともしんどく
させてしまっていた
気がする

なんか……
わかった気がする……
世の中のいろんなことは白か黒かじゃなくて
グラデーションでできていて
自分の中にグレーゾーンを持つことが必要なんだ
そしてもし何かを決断する時は
この場合はどうしよう…
価値観A
価値観B
自分が納得できる
この辺かな…
ベストなグレーを選択すればいい
そしてこのベストなグレーは
うちはここかな
俺はこの辺だな
人それぞれ違っていい
その時の状況によって変えていい
今回の場合はこっちだな
これで上手くいかなかったらまた変えてみよう
そんな柔軟さが必要なんだ

自分の過去は0点ではなかった

白黒思考も私の持っていた考え方のクセのひとつです。数ある中でも、この考え方を修正できたのはかなり大きかったです。

白か黒かだけではないグレーゾーンの考え方ができるようになると、自分の過去に対するとらえ方も変わっていきました。私はそれまで、ずっと自分の過去が嫌いでした。本当に何度も何度も「過去に戻ってやり直したい」とばかり考えていたんです。

でもこのグレーな考え方を得ることができたら、〝あんなに長く剣道をやっていたから、体力や根性も身についたし、身体能力も上がったんだよな〟とか〝自分の行きたい高校・大学ではなかったけれど、あの場所に通ったから得た経験や、友だちがいるんだよな〟〝一度整形したり細い身体になったことがあるからこそ、外見が整ったとしても、メンタルが整っていないと生きづらいままだということを知れたんだよな〟……などなど、過去に対するプラスな面を感じられるようになったんです。確かに

「過去に概ね満足している」のラインがあるとしたら、それには全然届きません。でも、じゃあ0点か？　と聞かれたら、そうではないんですよね。全然満足ではないけれど、それでも25点くらいは取れていた気がします。

私は今までその25点を「無いもの」にしてしまっていました。それは、自分の過去を自分で全否定してしまっているということでした。

敵か味方しかいない人間関係

また、人との関わり方も変わっていきました。それまでは人は敵か味方しかいなかったので、人に会う時は〝嫌われたくないな〟とか〝敵になってほしくないな〟という気持ちが常にありました。だから人と話していても終始緊張しているというか、とにかく自分が良い人だと思われたい気持ちがあって、相手に好かれることを言おう、相手が求めているであろうことを言おう、とばかり考えて、まったく自然体ではありませんでした。また、誰からも好かれたい思いから、かなりの八方美人でした。そこに恋愛も絡んでくるとさらにドロドロしたものになるのでした。

きっとこの不自然な感じは、周囲にも伝わっていたのでしょう。だからか私は別に悪いことをしたわけでもなく、むしろ気を遣っている方なのに、気づけば相手から距離をとられていることが多々ありました。いじめられているわけではないけれど、うっすらと嫌われているというか。でも自分では原因がわからないから、そうなるたびに〝やっぱり私は嫌われる存在なんだ〟と再確認していたし、〝これ以上嫌われないために、もっと皆から好かれる言動をとろう！〟と間違った努力をし続けていました。

人に好かれている人って、自然体なんですよね。そして自然体で生きている人は、このような考え方はしていません。それがわかりませんでした。

そもそも当時の私は、私を傷つけてくる人は皆敵だと思っていて、そして普通なら傷つかないようなことにも傷ついてしまうのでした。それは繊細なんて素敵なものではなく、地雷メンタルでした。

例えば相手が自分とは違う価値観だとわかったら、それだけで傷ついてしまうんです。相手が肯定してくれない＝自分を否定されたと感じてしまっていたんですよね。

これは今考えると、私自身が自分の価値観に心からの納得ができていないから、他人からの肯定が必要だったのです。だから肯定してくれない人とはなるべく関わりたくないと思っていました。

生きていれば価値観の相違なんてしょっちゅうあることだし、むしろその違いを学びとして考えたり、受け入れ合ったりすることが人との関わりの楽しさですが、当時の私はそんなところまで到底たどり着けるはずもなく、人との関わりに楽しさを感じる余裕はありませんでした。

自分にとってのベストなグレーとは

グレーゾーンの考え方を知ると、世の中はむしろ白黒ハッキリできることの方が少ないのでは？　と思うようになりました。白黒つけられることというのは、法律やルールなど元々明確な決まりがあるものと、試験問題の正誤、勝負の勝敗くらいな気がします。

例えば就職ひとつとっても、「給料が良くて知名度のある企業に入りたい」と考える人もいれば、「給料は安くても自分のやりたい職に就きたい」という人もいる。その中間の人もいる。これは何が正しいというわけではなく、どれも正しいんですよね。ベストなグレーは人それぞれ違って当たり前なんです。大事なのは、自分で責任を持って自分のベストなグレーを決めることです。自分の中で、「これだったらまぁ……」と思える、落とし所を見つけていくような感じですね。

就職などの大きな決断の場面でなくても、日常の行動面であっても同じだと思います。例えば、もし誰かから悪意を感じることを言われた時、「言い返す。そうしないとナメられる」と考える人がいる。この考えはよくわかりますが、ただ、それができない人もいるんです（私がそうです）。じゃあそれができない人は「何もしないで言われっぱなしを我慢する」でいいのか？ と考えると、それはNOです。

「言い返してスッキリ」か「何もしないでモヤモヤ」の白黒二択ではないんですよね。もしこのような場面があったら、私ならば「急に無言になり相手を真顔で見つめ、ヒヤッとした空気を作る。その後可能ならその場を離れる」ことをします。

声に出して反論はしないけれど、何もしないわけではない。私は言葉での反論がどうしても苦手なので、他の手段を講じます。これが白でも黒でもない、自分で見つけた私にとってのベストなグレーなんです。

こういった、行動面での自分にとってのベストなグレーは、やはり人との関係の中で試行錯誤しながら見つけていきました。

子育てのグレーゾーン

子育ては、まさにこのベストなグレー探しの連続です。「害になるほどの過干渉」と「害になるほどのほったらかし育児」の間には、長い長いグレーゾーンがあります。

私が思うベストと、夫が思うベスト、そして子どもが考えるベストにもズレがあります。そのズレを、全員が納得できるところに歩み寄るのが「話し合い」なのだと思います。私は自分が結婚して家族を持って、初めて真の話し合いを経験しました。

そしてこの真の話し合いの経験から、感じたことがあります。それは、子どもの意見は、親が強く言えば言いくるめることができてしまうということです。やっぱりどうしたって親の方が強いんです。

　でも、そこで言いくるめてしまっては話し合いではなくなってしまう。私が昔母にやられて嫌だった、「一見話し合いのようなパフォーマンスだけれど、実際は親の思い通りにするための儀式」になってしまう。話し合いとは、子どもの意見も大人の意見と同じだけの価値がある、両者対等である、ということを前提にして初めて成り立つのだなと思いました。

　そして話し合って結論が出た後も、つい「やっぱりこうした方が……」と言いたくなってしまうこともあるのですが、そこはグッと黙って見守るのも親の力量なのだと思います。でも黙って見守っていたとしても、私の母のように不機嫌をあらわにしては、黙っているとは言えません。

　不機嫌などの態度にも表さず、ただただいつも通りの生活をして、見守るだけ。子どもがどうなったとしても、受け入れる準備をしておくだけ。それも大事な静かな親の愛なのだなと学びました。

あいまいさ耐性の話

昔の私は
「この先どうなるかわからない状況」を
楽しむことができませんでした。
あいまいなことに対して耐える力が
まったくありませんでした。

例えば…
このまま今の恋人と
つき合っていても
結婚できるか
わからなくて不安…
不安がある状態じゃ
心から楽しむことなんて
できるわけないよ
20代前半の頃の私。

娘が
○○さん家の子や
△△さん家の子に
負けてしまうかも…
そんなの
耐えられない
不安は
小さなうちに
消さないと…

そしてそれは母も同じで、
娘が勝ち組になれないかもしれない。
そんな不安の中 心穏やかに過ごすこと
なんてできない。
そんな状態だったのかもしれません。

だから「見守る静かな愛」を
持てなかったのかもしれないな…。

第7章

自分を許す、受け入れる

いや！
こっち！
また
同じ服
着てる…
お気に入りだなあ…
子育てをしていると
ふとした時に
自分が同じ年頃の
頃の記憶とリンク
することがある
それ いや
着ようよ
可愛いよ
こっちがいい！
……そう
バサッ…
…こんなものっ
こんなものっ!!
ダンッ
ダンッ
ダンッ

ダンッ
ダンッ
お母さん!?
何してるの!?
ダン
ダンッ
ダンッ
ダンッ
ダンッ
だってハム子は
この服が嫌い
なんでしょう!?
だから
こうしてあげてるの!!
ごめんなさいぃ……
着るからもう
やめて……
じゃあもう二度と
言うんじゃないよ!!!
……
ニコ
ニコ
あの時
母に屈することなく
もっと自分をつらぬいていたら
自分の好きな服を
着られたのかも
しれない
高校ガイド
ここ
いいと思うん
だけど……
高校ガイド

……そんな最近できた学校
お母さんよく知らないわ
同じくらいの偏差値なら
こっちの方が伝統校だし
知名度もあるわ
……でも
ここはちょっと
私には合わなそう
共学の方が
いいし……
……ハム子は
一人っ子だから
愛情もお金もいっぱい
かけてあげられたのよ
それなのに名前のある
学校に行けなかったら
……
周りに
なんて思われるか……
グスッ
…お願いよ……
……
あの時
もっと自分の意見を
押し通していたら

過去の私が
もっと自分をしっかり
持ってさえいれば
そうだ……
過去の私が
もっと強ければ
よかったんだ…
過去の私に
言ってやりたい
なんで過去の私は
そんなに弱かったのよ！
あんたのせいで
後悔だらけだよ!!
……どうして
大人になった私まで
私のことを
悪者にするの？
私だって
頑張ってたんだよ
……

あれでも精一杯生きてたんだよ
……甘えすぎ
あれで精一杯はないでしょ
……なんで……？
なんで大人になった私もわかってくれないの……？
それじゃあお母さんと同じだ!!

…そうだ…
過去の私は
子どもなんだ
自分が子育てをしているとよくわかる
子どもは心がやわらかくてきれいで
すごく優しい
親のことが大好きで
親のことを信じてる
そして親を裏切ることはできない
そう……
だよね……

ごめん……
ごめんね……
やっと
わかってくれた
過去の私は
本当に
精一杯生きていて
それで
あの生き方だった
ということが
わかりました

未消化の感情をひとつずつ味わう

母の異常性に気づいてからは、もちろん母のことを恨んでいました。でもそれ以上に私は、過去の自分自身のことを恨んでいたんです。

「過去の自分がもっと強ければ母の言いなりにならずに済んだのに」

「過去の自分がもっと早く母の異常性に気づかなかったのが悪い」と。

それで長いこと悶々《もんもん》と自分を責めていました。

その頃の私は、過去の嫌な記憶を思い出すたびに、当時は押し殺していた本当の感情を今さら味わってしまって、過去のことで怒ったり悲しんだりしていました。なんで今になってまで過去のことでこんなに苦しまないといけないんだ！　とむしゃくしゃしていました。

でも、それが結果としては良かったんです。私にはそのプロセスが必要でした。子どもの頃にきちんと感じられず未消化だった感情を、大人になった私が消化してあげることができたのですから。

きっと感情って、自然には消えてくれないんでしょうね。しっかり消化できない限り、自分の中のどこかに残ってしまっているのだと思います。残ってしまっているから苦しいのです。そんな消化できていない思い出たちを、〝あの時は悔しかったな。あの時は悲しかったな。あの時は本当に理不尽だったよな……〟とひとつずつ味わい、出来事としても理解していきました。

昔理解できずにいた方程式の問題を、知識がついた今、あらためてちゃんとひとつずつ解いていくようなイメージです。

未消化の思い出の中にはこんなものがありました。高校生の時、美術で魚を描く授業があったのですが、友人の絵がとても上手でした。私が絶賛したら、友人がその絵をくれたんです。そしてそれを家に持って帰って母に見せたところ、母も絶賛していました。

その後いつの間にか友人の絵が家からなくなっていて、母にどうしたのか尋ねると「行きつけのお寿司屋さんにあげたの」と言われました。そして後日お寿司屋さんに行くと、その絵が飾ってありました。「これ、ハム子ちゃんが描いたんだって？　上手ねぇ」と女将さんに言われました。その瞬間悟りました。〝ああ、母は私が描いたことにしてお寿司屋さんにあげたんだな〟と。そして〝これはもうそういうことにしないといけないんだな〟とも。

今思えば、私と母の中ではこういったことが当たり前に行われていたんですよね。現実をねじ曲げてでも、他人からの評価をもらう。私と母だけは事実を知っているけれど、それは無かったことにされる。話題にも出してはいけない。封印する。そんな異常な常識が私と母の間ではまかり通っていました。

これには私も違和感があったけれど、子どもの頃の私は、その違和感を上手く理解できず、消化することができないままでした。

母は他人からの評価が必要な人でした。他人からすごいね、羨ましい、と言ってもらうことが母にとっての幸せだったのだと思います。そして、娘にもその幸せを与えてあげたいと思ったのでしょう。母の教育方針は、母の中では確かに正しいものでした。母の中では確かに愛情でした。

思い出を消化してあげるということ
例えば先の魚の絵の思い出だったら…
子どもの頃の私
なんだかモヤモヤするけど…
わからない……
……
……
自分の評価のために事実をねじ曲げるのは異常なことだった
出来事を理解する
異常なことを強要されて私は嫌だったんだ……
感情を味わう
大人になった私
消化していく

30歳にして、〝等身大の自分〟が生まれた

大人になってから思い出と向き合うと、子どもの頃にわからなかったこともわかるようになっていました。

大人になってわかるようになったことのひとつに、大人同士と親子間では前提が違う、ということがあります。第3章で、クマ男にも母にも「最終的に決めたのは自分なんだから、人のせいにするな」と言われたことがあると書きました。これは大人同士だったら、本当にその通りだと思います。だから私も納得してしまい、過去の自分を責める一番の材料になっていました。

でもこれは親子間だと違うんですよね。親子間は、どうしても親の方が強いというのが前提にあります。親が折れない限り、どうしても子どもは従うしかないんです。その前提の違いがわかった時、ようやく過去の自分を許すことができました。

その瞬間、〝ああ、過去の自分は本当に精一杯生きていたのに、私はそれを認めてあ

げられていなかった。過去の自分が弱かったのが悪い、自分をつらぬき通す強さや能力がなかったのが悪い、とずっと責めていたんだな。ごめんね……〟とワンワン泣いてしまいました。長年自分で自分を苦しめていた大きな要素が、涙とともに溶けていってくれた気がしました。

過去の自分を受け入れることができると、私の中で散らばっていたものが統合されて、ひとつにまとまった感じがしました。過去の自分も、今の自分も、どっちも自分。良い自分も、悪い自分も、全部ひっくるめて自分。そんなイメージです。〝等身大の自分〟が私の中に誕生したような感覚でした。

そういえば大学の教職の授業で児童心理学があったのですが、その時に習った「青年期の課題はアイデンティティの確立である」というのをなんとなく覚えていました。その時はアイデンティティ？　自我同一性？　自己確立？　モラトリアム？　とまったくピンときていなかったのですが、等身大の自分が確立した時、ああ、これのことだ！　とわかりました。ちなみに教科書によると青年期は13歳から22歳頃ですが、私は30歳になってようやくこの青年期の課題をクリアできたわけです。遅かったですね。でも遅くはなってしまったけれど、クリアできて良かったです。

そして、過去の自分は精一杯生きてあの生き方しかできなかったんだ、と理解できたら、母も精一杯生きてあの生き方しかできなかったんだ……と思うようになりました。私はそれまで母に対し、大人なんだから、親なんだから、もっとこうあるべきだと理想を持ちすぎていました。でもそれは母の能力では無理だったんです。本当に、母も精一杯生きてあの生き方だったのでしょう。過去の自分を許すことができたら、母のことも許すことができるようになりました。許すというか、諦めがついたに近いかもしれません。仕方なかったんだなという感じです。

私はずっと、自分にも母にも、うんと高い理想を持ちすぎていたんだと思います。私も母も、そんな能力のある人ではなかった。すべては仕方のないことだった。本当に仕方のないことだった。そう思えるようになりました。

気持ちの整理のために、自分の過去を漫画に

また、この頃になると、自分の過去を漫画で描いてみたいなと思うようになりました。ありがたいことにこの頃はもう、趣味で始めた育児日記が高じて漫画家として活動していました。InstagramとTwitter（現X）はすでにフォロワーさんがある程度いたので、新しくnoteを始め、そこで自分の過去についての漫画をひっそり描きはじめました。なぜひっそり始めたかというと、これは仕事とは別に、自分の気持ちの整理のために描きたいと思ったからです。多分他の人の場合でいう、「今ならもう話せるから、誰かに聞いてほしい」という感覚だと思います。私の場合は言葉で話すよりも、漫画にして表したかったのでしょう。『親に整形させられた女の話』というタイトルで描きはじめました。

過去を漫画にしていくと、自分の中から過去がどんどん出ていくのを感じました。そして自分の外に出ると、記憶がただの記録になっていく感じがしました。ああ、外

に出すって大切なんだなと実感しました。きっともっと早い段階でカウンセラーさんに相談していたら、ずっと早くここまでたどり着けていたのかもしれません。漫画家になって、漫画を描いて……なんて、随分と長い回り道をしてしまったなと思います。でも、これが私には合っていたのでしょう。自分の経験を文章でブログに書く方もいますしね。話すのでも、書くのでも、なんでもいいから自分に合った方法で外に出せれば良いのだと思います。自分を癒やすためには、内側にため込まず、適切な手段でアウトプットすることの必要性を知りました。

第8章

自分軸で生きる。
答えは私の中にある

かわいい…
けどちょっと
個性的すぎる…？
無難におしゃれって
思われたいなら
こういうのだよね
やっぱりあっちに
すればよかったかな…
……
私　他人から
「○○って思われたい」
って気持ちがまだ残ってる

見た目に限った話じゃない
私はおしゃれな人だと思われたいし優しい人だと思われたい……
誰に優しい人だと思われたいの？
え…うーん…皆にかな……
皆って？知り合い全員ってこと？
まぁ…そうかな…
じゃあ自分にも優しい人って思われたいってこと？
え…自分？考えたことなかった……
でも…うん
自分にも思われたいな

だったらそれは「優しい人に思われたい」んじゃなくて
「優しい人になりたい」なんじゃない?
……そうかも……
だったらそう言おうよ!
「私は優しい人になりたい」って
その方がずっと素直で気持ちいいと思うよ
……うん
そうだね……!
同じことなのに言い方が違うだけでずっと気持ちいいや

優しい人になるためにはどうしたらいいのかな
私が思う優しい人ってどういう人だろう？
人のことに手や口を出さない人
うん コレかな
でも待てよ これって人によっては優しくないって思われてしまうかも……
だから自分がそう思うんならそれでいいんだってば！
万人に共通する正解なんてないんだから
自分がしっくりくるものでいいんでしょう⁉
うん…わかってはいるんだけど
世間的にはどうかなズレてないかなって
どうしても不安になっちゃうんだよね…
そっか… ま そのセンサーは持っててていいんじゃない？

てか優しい人になりたいって
目標がざっくりしすぎて難しいな
そしたら逆に「こういう自分にはなりたくない」を考えてみたら？
なるほど…！好きなことを見つけた時と同じ感じか
そう それをやらないようにすればなりたい自分に近づいていくんじゃないかな
……最近頼りになるね
昔は私に聞いても答えなんて出なかったけど
今は答えてくれるもんね

自分の答えに自信が持てない

漫画ではわかりやすく自分との対話を心の私と体の私に分けて描きましたが、実際はこんなキレイな会話形式ではありません。もっと曖昧な感じです。曖昧な感じだけれど、不思議と自分との対話ができるようになりました。

できるようになったのは、第7章で書いたように、自分の中に〝等身大の自分〟が誕生してからのことです。

それまでは、いくら自分に問いかけても答えは出ませんでした。出ないというよりも、厳密には「答えはなんとなく出ているけれど、その答えに自信が持てない」という状態でした。自分で出したという理由だけで自信がないというか、根拠もなく間違っているような気がしていたのです。

これは子どもの頃「あなたの考えや感性は間違っている」と母に教え込まれ続けたから、自分でもそう思い込んでしまって、私の考え方のクセになっていたのでしょう。

考え方のクセとは、幼少期の思い込みの後遺症のようなものです。

でも、自分で出した答えがたとえ少数派であっても、自分がしっくりきているならそれでいいんですよね。自分との対話は、そんな大人になってから新しく書き換えた考え方を、「大丈夫、大丈夫、私はそれで間違っていないよ」と自分自身に言い聞かせ、自信を持たせてあげている感じでした。

そしてこの自分の意見を信じて行動することは、初めは怖かったけれど、今まで私が知らなかったドキドキワクワクする感覚でした。

他人軸から自分軸の生き方へ

漫画で描いた、「優しい人だと思われたい」と「優しい人になりたい」というのは、似ているけれど違うんですよね。前者は他人を基準とした考え方、後者は自分を基準にした考え方です。これを他人軸と自分軸と言います。私は幼い頃からずっと他人軸で生きてきて、大人になってからも、洋服でもなんでも何かを決める時、〝人に○○って思われるようにしよう〟が当たり前でした。好きな色を聞かれても、〝さわやかなイメージを持たれたいから青と答えよう〟という感じでした。これも幼少期の後遺症で、自分に自信がないからです。自信がないというよりも、もう自分が無かったです。

ただこれも、〝等身大の自分〟が誕生してから、だんだんと変わっていきました。

〝私は自分の意見に自信を持っていい〟

〝他人が私をどう思うかは他人の感情であって、私の領域ではない〟

〝だから私は自分の思ったことをそのまま言おう〟

自分の思いを素直に他人に言うことは、最初はやはり少し怖かったけれど、気持ちのいいことでした。

自分の意見を言う？　言わない？

でも、ここで新たな疑問が生まれました。これが例えば好きな色とかだったら、自分の思いを素直に言ってもまったく問題ないと思うんです。でもこれが、例えばランチの時、皆は中華料理がいいと盛り上がっているけれど、自分はあまり中華の気分ではないと思っている場合は、どうするのが正解なのかな？と。

以前、実際にこの状況があったんです。その時は結局、その場の空気を壊したくなくて、嫌だと言わずに中華を食べに行きました。別に私も中華自体が嫌いと言うわけではなく、その場は楽しかったし、まぁ結果オーライだったなと感じました。

その後、この出来事を自分なりに考えてみたんです。なぜこの時私は自分の思い通りの結果にならなかったのに、結果オーライだと思えたのかな？と。

そして考えた結果、きっとこういう場面で大切なのは、「中華は嫌だ」と皆に言うことではなく、〝その日、私は中華が嫌だと思っている〟という感情を、きちんと自分でわかってあげていることなのだと思いました。皆に言うか言わないかは実はどちらでも良くて、その時のメンバーや空気を見て、言えそうだったら言えばいいし、やめた方が良さそうだったら言わなくてもいいんです。

私はこの時、自分で〝私は嫌だ〟という感情をきちんとわかっていたし、その上で〝今回は空気を壊したくないから言わないようにしよう〟と自分で判断して行動しました。だから結果としてモヤモヤが残らなかったんだなと思いました。

自分軸で生きるとは、どんな場面でも自分の意見を他人に伝えたり、押し通したりすることではなく、「自分の意見をしっかり自分で持てている状態」「自分の行動を自分で決めている状態」のことを言うんだな、と理解した瞬間でした。

この頃になると、気づけば過去に思いを巡らせる時間が随分と少なくなっていました。それまではかなりの頻度で過去のことを考えていたのですが、それがどんどん減っていったんです。それよりも、「今日の夕飯は何にしようかな」とか「次の休みはどこに行こうかな」と前向きなことや未来のことが自然と浮かんでくるようになりました。きっと過去を充分味わい尽くせてきたのでしょうね。

この時、〝うちの親ってちょっとおかしい……?〟という最初の気づきから、約15年が経っていました。15年かかってようやく過去から解放された感じがしました。長かったです。多分過去からの解放を経験した人たちの中でも、かなり長くかかった方なのではないかなと思います。でも何事も、人と比べても仕方ないですもんね。私には私のペースがあったんです。私にとって必要な、有意義な15年間でした。

自分の意見は言う？ 言わない？
これはケースバイケースだけど…。
状況や関係性にもよるし
基本的には言った方が良いと思っています
それよりもだんぜん大切なのは言い方な気がします！
★重くならず さわやかに明るく言う！
お昼中華がいいな〜
いいね！
うーん 今は中華って気分じゃないかも〜
★反対したなら提案もする
このお店とかどう？
★意見が通らなくても さわやかに明るく
でも今日は多数決で中華ね〜
全然オッケーだよ〜
コミュニケーションって言い方や聞き方が大切なのだとわかりました

第9章

執着を手放す。親に受け入れてもらうことを諦める

それは突然のことでした
ピンポーン
お母さん⁉
がチャッ
どうしたの突然……
来るなら連絡してよ 私今仕事中だよ
ぎゅっ……
ああハムちゃん！
かわいいハムちゃんや
ゾワッ…

これね ポン太に使って
お正月に見た時 歯並びが悪かったから
このお金で 直せばいいわ
…… それをわざわざ 言いにきたの…？
というか まだほとんど 乳歯だし…
※当時 息子7才
確かに前歯に すき間はあるけど
ここのすき間
外側の歯が生えてくると自然と閉じてくる場合が多いそうです。
これはこの年齢特有の もので心配いらないと 言われているものだから
だったら顔を直す のに使いなさい
ポン太も一重だし
ハム子ったら よくわからないけど ずっと怒ってるんだもの

どうしたら怒らないでお母さんに優しくなってくれるのかなって
……別に怒ってないよ……
……今日は1人で来たの？
でもお母さんに対して冷たいじゃない
おじさん（母の兄）に乗せてきてもらったわ
今おじさんは？車の中？
そうよ
いいかげんそんな意地の悪いことしないでよ
そしたらおじさん呼んできてくれる？
3人で話そう

ええ！
呼んでくるわね！
この時
機嫌良くおじさんを呼びに行く
母を見て
すごく　むなしくなった
お母さんが
ポン太の歯とか
を直すのにって
お金を持ってきて
くれたけど
いりません
なんでよ！
せっかく……

私も夫も必要だと思ってないからです
歯医者さんからも言われたことはないし
……それにこうやって突然来る前に
まずは電話とかで聞くのが正しい順番だと思います
うん……まぁそうだよな
……お母さんは私が子どもの頃も
こうやって私に二重の整形をさせました
その時も今と同じように
母の意向だけですすめられてやらされました
えっ……整形!? 本当か!?
そんなっ…今ここで言うことないでしょう! おじさんの前でっ…
だからだよ
私は第三者がいる時にこの話をしたいとずっと思ってた
お母さんと2人だといつもお母さんの良いように改ざんされてしまうから

今から話すこと…
おじさんにも
聞いてほしい
そして私は
今までため込んでいた想いを
話しました
母は途中まで
言い返してきましたが
だってそれは
あなたが…
……
やがて
口数も少なくなり
最後は
……もう
帰るわ
と言って
帰っていきました
バタン…

いきなり抱きしめてきた母

母と話す機会は突然訪れました。平日の昼間、子どもたちが学校と幼稚園に行っていて、私ひとりが家で仕事をしている時でした。突然、伯父と2人で訪ねてきたんです。

この頃は、もう実家には用事がある時以外は帰らないようにしていたし、母からの電話も、内容を聞いたら手短に切るようにしていました。母と関わると消耗してしまうから、距離をとっていたんです。

でも、それが母にとっては冷たくされたと感じていたのでしょうね。母は私に会うなり私をちゃん付けで呼び、突然抱きしめてきました。こんなことは初めてでした。

実は一度、摂食障害を発症した高校生の時、母に「抱きしめて」とお願いしたことがありました。自分なりに調べた摂食障害の本に、過食衝動が起きたら母親に抱きしめてもらうと治まることがあると書いてあり、お願いしたんです。母にもそのことを本を見せながら説明しました。でも、母は抱きしめてはくれませんでした。その時の無言で、面倒くさそうな目線は今でも覚えています。

私がとてつもなく勇気を出して「抱きしめて」と望んだ時にはまったくしてくれなかったのに、自分がしたい時はこちらの感情は無視してするのか、と思いました。それも、愛しているから抱きしめるのではなく「こうすれば丸く治まるでしょう？」という母の思惑がダダ漏れでした。抱きしめられながらゾワッとしたのを覚えています。そしてゾワッとしてしまったことが、悲しかったです。

母に自分の思いを伝える

約束もなしでいきなり来られ、自分勝手に抱きしめられたのはすごく嫌でしたが、でもこの時のことは、結果的には良い機会になりました。母に自分の思いを伝えることができたからです。

それまでも、漠然と、いつか母に私の気持ちを話せたらいいなぁ……とは思っていたんです。この時点ではもう、自分の中にあるひとりでは消化できないモノは外に出すことで良いように変化するのがわかっていたので、外に出したいとはずっと思っていました。そして外に出すならやはり張本人である母に直接言いたいと思っていました。でも母だけでは都合のいいように解釈・改ざんされてしまうのもわかっていたので、第三者がいる場所で話したかったのです。

しかしそんな機会もなく、じゃあ自ら機会を作ろう！というほどの気持ちにまではなれなくて、行動を起こしてはいませんでした。そんな日々を過ごしていた時、偶然にも最良のチャンスが訪れたんです。

ただ、あまりにも突然のことだったので、言いたいことをすべて言えたわけではありませんでした。それが心残りといえば心残りです。でも、半分くらいは言えたと思います。突然だったことを考えると、あんなものでしょう。よく頑張りました。

私が話している間、母は言い返しつつも、遮らずに聞いてくれました。もちろん伯父がいたからではありますが。母が私の話を聞いてくれている。こんなことは初めてでした。最後は帰ってしまったけれど、20分くらいは耳の痛い話を聞いてくれました。

母からしたら、これは相当な苦痛だったはずです。

母への執着を手放せた！

そしてその結果、やはり母は私を理解してはくれませんでした。言い訳ばかりで、謝罪もありませんでした。

でも、スッキリしました。きっと、私は今の今まで〝母が理解してくれることは一生ないだろう〟と頭では思いつつも、心の奥の奥では、もしかしたら、きちんと自分で誠心誠意伝えれば母もわかってくれるかも……という思いがしぶとく１％ほど残っていたんだと思います。

でも、その１％もやっぱりないんだというのを思い知らされました。その瞬間、ようやく諦められたんですよね。母への執着が手放せた瞬間でした。

話した後、しばらく涙が出続けてしまったけれど、悪い涙ではありませんでした。自分の中で最後の最後までしがみついていた執着を手放せた、スッキリとした涙でした。

私がずっと母に伝えたかったことは、整形のことではありません。整形は私と母にとって日常のエピソードのひとつに過ぎません。私が母に伝えたかったことは、母との生活において「自分を殺して生きていかなければならなかった」こと。「自分ではない何者かにならないといけなかった」ことであり、「それによって自己形成が上手くできず、生きるのがつらかった」こと。そして「自己形成できる環境を与えてほしかった」ということです。

今までの生きづらさのすべてを母のせいにしようとは思っていません。だって母も母なりに精一杯生きて、あの子育てだったわけですから。私の希望とは違っても、裕福ではないのに教育にお金をかけてくれたことは事実です。衣食住も与えてくれて、感謝できることもいっぱいあります。だから責めるつもりはありません。謝ってほしいわけでもない。ただ、母にはこのつらさを伝えたかった。わかってほしかった。それだけです。

母への執着は
本当に「手放せた」という
表現がしっくりきています。

自分のために言葉にする

もちろん相手に伝えなくても自分の中で消化できるなら、それが一番スマートなんでしょう。でも、私にはそれはできませんでした。私は母に伝えることでようやく消化できました。

だからもし、今自分の過去に苦しんでいて、親にこの気持ちを話したいと思っている人は、勇気を出して話してみてほしいです。親に理解してもらうためではなく、自分のために話してほしいです。自分の最後の執着を手放すために。

私としては、この親と話す機会で、今までの総仕上げができた感じでした。結果ではなく、ここまでやりきったことが重要でした。最後の引退試合のようなものです。

抱えてきたものを手放すには、親に直接話すのが一番効果的なのだと思いますが、もしそれが難しければ、手紙でもいいと思います。手紙も難しければ、親に直接ではなく、第三者に話すのでもいいでしょう。第三者は、やはりプロのカウンセラーさんがいいと思います。また、同じような環境で育った人たちの自助会やオンラインサロンもあります。やみくもに誰にでも話すのではなく、「ここでなら話せそう」という人や環境を見つけるのが大切だと思います。

親子のちょうどいい距離感

母への気持ちを手放せたら、これからの母との関係性も見えてきました。それまでは、なんとなく距離を置いてはいるけれど……具体的にどの方向性にすべきか、どの頻度で会うべきかなど、私の中で答えが出せていない状態でした。そしてそんな曖昧な状態が苦しかったんです。

答えがなかなか出せなかったのは、母に対する1％の期待を捨てきれていなかったからだと思いました。本当に、親子の心の問題って根深くしぶといんですね。

もし母と娘の物語があったとしたら「いろいろありましたが、最後はわかり合うことができ、仲直りできましたとさ」が、一番世の中的には好ましい終わり方なのかもしれません。逆に「娘はもう二度と母と会うことはなくなり、幸せに暮らしましたとさ」も潔い終わり方なのかもしれません。

でも「お互いにわかり合うことはできませんが、それぞれ幸せに暮らしました」もまたハッピーエンドだと思うんです。私はこの3番を選ぼう、とハッキリ答えが出せました。

具体的には、年に1回、お正月しか会わない。他の親戚と同じくらいの距離感なら、私は母の影響を受けず幸せに暮らせる、と自分で判断しました。グレーゾーンで表すと、絶縁に限りなく近い黒に近い部分です。もちろんこれは私が出した答えなので、あなたが出した答えはこれと違っていいのです。もっと近い距離でもいいし、絶縁でもいいと思います。大事なのは、他人に何を言われようと、自分自身で納得していることです。

この一件以来、母が家に突然来ることはなくなりましたし、電話もかけてこなくなりました（用事がある時は伯父から電話が来るようになった）。母の中でも、この一件で何かが変わったのだと思います。今のところ、私的には良い状態で過ごせています。

もちろん、ママ友が「子どもを実家に預ける」とか「実父母と皆で旅行に行く」なんて聞くと、良い関係性で羨ましいなぁという思いはあります。

でも、私と母には、今のこの状態が、充分良い関係性なんです。近すぎると苦しいし、完全に縁を切るのもまた苦しい。ならばどちらもが穏やかに過ごせる距離まで離れましょう、という感じです。一度離れてみて、時間が経てば、もしかしたらまた近づく時が来るかもしれないし、来ないかもしれない。許せるようになる日が来るかもしれないし、来ないかもしれない。でも別に、将来どうなろうと、今の私には何も影響はない。

これって、友人関係と同じですね。友人関係では、シンプルに、仲がこじれそうだったら距離を置き（置かれ）ます。また、縁があれば近くなれることもあるし、なれないまま疎遠になることもありますよね。そして最中は苦しくても、大抵の場合時間が解決してくれます。たとえ親であろうと、大人同士になれば親子という特別な枠ではなく、数ある人間関係のひとつにしていいのだと思います。

人間関係の考え方について
昔の私
あの人に距離をとられちゃった…嫌われちゃったんだ…
そして仲良くなろうと もっと近づいて 更に嫌われるという 負のループ…
"距離をとられたのは あなたと良い関係性を保つために 距離を調整したい" ということ
距離は 近ければ近いほど 良いってわけじゃない
遠くても お互いが心地良いなら それが良い距離であり 良い関係性なんだ
そして私だって 近いなと感じたら 調整する権利を 持ってるんだ

第10章

自分で
自分を育てる

習い事何かやってみる？
娘タマ
（当時5才）
幼稚園 放課後活動 一覧
KIDS 新体操クラブ
これーー！
それから数年が経って
上手い子との差が開いてきた…
家でも自主的にやってるって言ってたもんな…
タマはほっといたら自主練なんてしないもんなぁ…
タマ上手くなりたいんだったら
家でも練習しようね
わかってるよ

……
別の日。
……
一緒に柔軟しよー
んー…
また別の日。
ねぇ今日もやらないの？
んー…あとで…
……こんなに言ってもやらないってことはそんなに好きじゃないってことだよね？
母ちゃんにはそう見えるよ
無理して続けることはないよ
やりたいことは変わっていいんだから
もう新体操やめる？
うるさいなぁ
やめたいなんて言ってないでしょ

だったらなんで練習しないの！
あ……今の私まずい……
いつもいつもと
一旦落ち着かなくちゃ……
……私は自分が習い事とか部活にトラウマがあるからさ
楽しめるものをやってほしい
楽しめないものはやらないでほしい
って思いすぎてる自覚はあるんだよ
でもさやっぱり子ども時代は一度きりだから

なるべく楽しく過ごしてほしい
後悔の残らないようにしてほしい
って思うのは
親として間違ってないよね？
うん
正しいと思うよ
でも
ハム子の目には楽しんでなさそうに見えているだけで
タマはそれなりに楽しんでるのかもよ？
………
それなりじゃなくて……
自分からやりたいと思うくらい好きなことをやってほしいんだよ
そうじゃないとせっかくの子ども時代がもったいない過ごし方になっちゃう気がして
……
それにもしこのまま続けさせて
私みたいに感情がマヒしてしまったら……
私のように生きるのがつらくなってしまったらって思うと不安で……

わかった…
うん……
そっか……
私今
不安なんだ……
聞いてくれて
ありがとね
おー
なんもしてないけど…
自分の不安を
タマに押し付けて
解消してもらおうと
してたんだ……
ありがたいことに
コポポ…
大人だったら
自分の不安は自分で
どうにかしなきゃ
いけないのに……
私は
「あ　今の自分
まずいな」
と思った時

深呼吸をして
自分を整える手段を持っている
信頼している人に話してみる
悩みや感情を書き出してみて整理する
よく休む よく寝る
同じような悩みがないか本やネットで調べてみる
自分の好きなことをする
母はそれを持っていなかったから
不安になってしまったら
自分では整えられなくて
子どもに頼ってしまったのだろう
こうするのがあなたのためなのよ!
本当は母が不安になりたくないため
(でも母は無自覚)
…ふぅ
……よし!
大丈夫
大丈夫
タマにもあやまろう

自分を整えるためには

大人だったら、自分の心を整えるのは自分の課題です。私は漫画のように、娘に自分の不安を解消してもらおうとしてしまっていました。

きっと私の母もそうだったのでしょう。母は自分で自分を整える術を知らないまま大人になってしまった。だから娘である私に頼るしかなかったのでしょう。本来なら親が子どもを安心させてあげないといけないのに、親子の役割が逆転してしまっていました。

自分の心を整えるためには、どうすればいいのでしょうか。

例えば必要以上に子どもを怒ってしまったり、答えの出ない反すう思考のループに入ってしまった時は、まず「あ、今の自分まずいな」と気づくことが必要です。

気づくことができたら、そのまずい状態をストップさせます。子どもに怒っていたら、怒るのをやめてその場を離れます。思考のループに入っていたら、一旦その思考をやめます。

離れることができて少し落ち着いたら、今度は今感じていることと、その原因となっている出来事を自分の外に出します。信頼できる人に話してもいいし、紙に書くのでもいい。とにかくため込まないようにします。紙に書く場合は、人に見せると思わないで書くのがポイントです。人に見せると思うとついキレイな言葉を使ったり頭で考えてしまうので、もう誰にも見せない前提で。そうすると原石のような自然な感情をそのまま書き出せます。

そして、感情がわかったら、それをしっかりと味わってあげます。〝ああ、私は今不安なんだな〟とか〝悲しいんだな〟〝つらいんだな〟とか。ここで、「そんなことくらいでつらいなんて思ってはいけない！　世の中には私よりつらい人がたくさんいるのに」なんて思わなくて大丈夫です。確かにその通りなのでしょうが、そんなことを言っていたら、私が今抱いているつらさは消化できません。消化するためには、世の中的には大したつらさじゃなくても、自分はつらいんだ！　としっかり味わうことです。

出来事を正しく理解して、感情を味わえたら、この時点でもう結構落ち着いてくると思います。ただ、また時間が経つとモヤモヤがぶり返してくることもあるので、そうしたらその都度同じことをしてあげます。

そしてこれと同時進行で、「休む」ことをします。心と身体はつながっているので、身体を休めます。なるべく睡眠時間を確保するようにします。休むとは逆のようですが、運動も良いです。家の中で気軽にできる筋トレでもいいし、フィットネス系のゲームでもいいと思います。私はよく柔軟体操をしています。要は休んだり運動をしたりして、身体を良い状態に持っていくということです。あと日光に当たると幸せホルモンとも言われるセロトニンが出て良いと

身体と心は
つながっているというけれど…
メンタルが安定したら
・頭痛
・腹痛
↑薬を持ち歩いていた
・歯ぎしり
・風邪をひきやすい
がなくなりました。
小さい頃からの体質だと思ってたのに…
あと ムダに食べすぎることもなくなった
生理も軽くなりました。

も聞いたので、気まぐれに庭に出たりもしています。

そして自分の好きなことをします。映画を観たり、推し活だったり、趣味に打ち込む時間を作ったり。服を1着だけ買ったり、美味しいコーヒーを飲みに行ったり、美容室に行ったり。自分の機嫌を自分でとってあげるような感じですね。そんなことをして、私は自分で自分を整えています。

ただ、大きなモヤモヤの時は、数時間や1日で整うわけではありません。何日かかけてじわじわと回復していって、いつの間にか「あ、もうまずい状態は抜けたな」という感じになれます。

自分への安心、信頼を育てる

こうやって自分で自分を整えられる手段を持っていると、安心できますし、自信にもなります。取り乱すことがあっても、「今の私はまずい状態だけれど、いずれ元に戻れるから大丈夫」と思えます。

昔の私は自分で自分を整えられなかったから、この安心や自信が無かったんです。嫌なことがあるたびにもうダメだ、立ち直れないと絶望してしまっていました。でも本当は、立ち直る手段を身につけていなかっただけなんですよね。

この立ち直る手段、心を整える手段は人によってレシピの違いはあるけれど、幹となる部分は皆同じなんだと思います。そしてそれは本来親から教えてもらうものなのだと思います。教わるというか、与えてもらうというか、育まれるというか。

子どもが不安定になった時、「心が落ち着かないんだね、大丈夫だよ。不安はあっていいんだよ。あなたなら大丈夫だよ」と、子どもの弱さも強さも包み込んでくれるような親の元で育ったら、きっと根幹となる安心や自信が育っていくのだと思います。残念ながら私は適切な時期にそれが育ちませんでした。

でも遅くはなりましたが、自分で育てられました。大人になって知識をつけたら、自分で自分を育てることができます。子育てをするように、根気よく、ゆっくりと。

目の前の人が大切にしていることを大切にする

私が子育てで大事にしていることのひとつに、「今目の前にいる子どもが大切にしていることを、私も大切にする」というものがあります。自分の考えを大切にしてもらえることで、自分は粗末に扱われない存在である、というのが根幹に染み込んでほしいという願いがあります。

ポイントは今目の前にいる、というところ。将来の子どもでも、過去の子どもでもありません。今目の前にいる子どもです（子ども、と書きましたが夫でも友人でも同じです）。大人は経験がある分、現在の子どもの考えを正したくなることもあると思います。でもそこで子どもが今大切にしている考えを否定して、大人が一方的に解を与えることは、子ども自らが経験し、考え、行動して失敗したり成功したり、責任を学んだりする貴重な体験を奪ってしまうことになるんですよね。この体験こそが、私が子どものうちに育たなかった心の成長の材料なのだと思います。

もちろん社会的・倫理的に間違っていることは経験させません。そこは親としてしっかり叱る必要があると思っています。でも、そうでない限りは経験させてあげることも親の愛なのだと思います。

子育ては本当に多面的に考える必要があります。親が思う良いもの、正しいものを与えることはもちろん愛だし、必要なことです。ただ、それだけではバランスよく育たず、歪んでしまうこともある。ケースバイケースで、与えるのが愛の場合もあるし、与えずに待つことが愛の場合もある。判断が難しいけれど、やはり基本は今目の前にいる子どもをよく見ることなのだと思います。

また子どもにとって、家が安心安全の場所であることも願っています。外でどんなにつらいことがあっても、家にいる間だけは心身が休まる。ここにさえ戻れば傷つかないし安全だという場所。そんな場所があれば頑張れると思うんです。逆にそれがない子どもにとっては、世の中は休める場のない戦場のようなものです。戦場のような場所で一時でも癒やされる機会があったら、そこにどっぷり浸かってしまうのもわかります。だから恋愛に依存してしまったり、食べ続けてしまったり、お酒に逃げたり……とにかく本来家に求めていた要素を、違うものに求めてしまうのでしょうね。

愛に触れて生きる

実際に自分が子育てをしてみて気づけたことがたくさんあります。その中で一番大きかったのは、子どもは無条件に親を愛してくれるということです。子どもは本当に親のことが大好きで、どんな私のことも許してくれるんです。特別な出来事があったからそう感じるようになったわけではありません。日々の生活から、自然とそれが伝わってくるんです。ああ、これが愛というものなんだな、とわかりました。

そして、子どもがそうやって私のことを愛してくれているのに気づけた時、私も子どものことを愛したいと思うようになりました。本当は逆じゃないといけないですよね。まずは親が子を無条件で愛して、子どももそうなる。でも私の場合、子どもからの愛に気づいてから、私も子どもを愛せるようになれました。情けないんですが、子どもから愛を教えてもらいました。

私はそれまで辞書的な意味で愛という言葉は知っていたけれど、まったくイメージできていませんでした。「親として子どものことは愛さないといけない。子育て本はかなり読んだので、知識として方法は頭に入っている。でもやっぱりイメージはつかない」という状態でした。でも子どもから愛をもらってからは、それが自然とイメージできるようになりました。

そして、子どもへの愛がイメージできるようになったら、夫への愛もわかるようになりました。家族の愛ですね。それがわかったら、今度は友人への愛もわかるようになりました。そして同じように、自分自身への愛もわかりました。不思議なことに、ひとつ愛がわかると、どの愛についても自然とわかるようになりました。愛は対象によってさまざまな種類があって、どれも愛なのだけれど、少しずつ違うということもわかりました。そしてこのさまざまな種類の愛はどれも大切で、どれかひとつでも欠けていたら上手く循環しなくなってしまうんです。自分を愛せているから、他人のことも愛せます。自己愛というとマイナスとしてとらえられがちですが、本来自分を愛することってプラスなんですよね。マイナスになってしまうのは、自分を愛するために他人だったり世間的評価だったり、自分の外側だけに依存してしまっている状態の時だと思います。

自分の内側を受け入れ愛することができている時は、心が満たされています。満たされていると、周りのことも愛せる余裕があります。昔の私には、この余裕がまったくなかったんです。私が大人になって知った愛は、もらうのも嬉しいし、与えるのも嬉しいものでした。愛し愛されている状態が何よりも幸せだと思っています。

昔の私にとって一番の幸せとは、他人にすごいと思われることでした。でも今の一番の幸せは、愛に触れて生きることです。私の昔の価値観は、もうほとんど残っていません。価値観や生き方は、スイッチでパチっと変わるのではなく、巨大な歯車が回るようにゆっくり変わっていきました。そしてこれからもゆっくりと進んでいくのでしょう。

『愛するということ』
（著 エーリッヒ・フロム 訳 鈴木晶）によると

愛するとは技術であり
生まれながらにして持っているもの
ではなく学んでいくもの。

子どもは愛される経験から
愛を学び、そして愛する側
へと回っていくもの、
なのだそうです

でも私が「人（自分も含む）を
愛せている」と自覚できたのは
わが子から愛を教えて
もらってからでした。

愛し愛される幸せ
愛に触れて生きられる幸せ
を知ってからは

愛は自己犠牲なんて
思わなくなりました。（昔はそう思っていたんです）

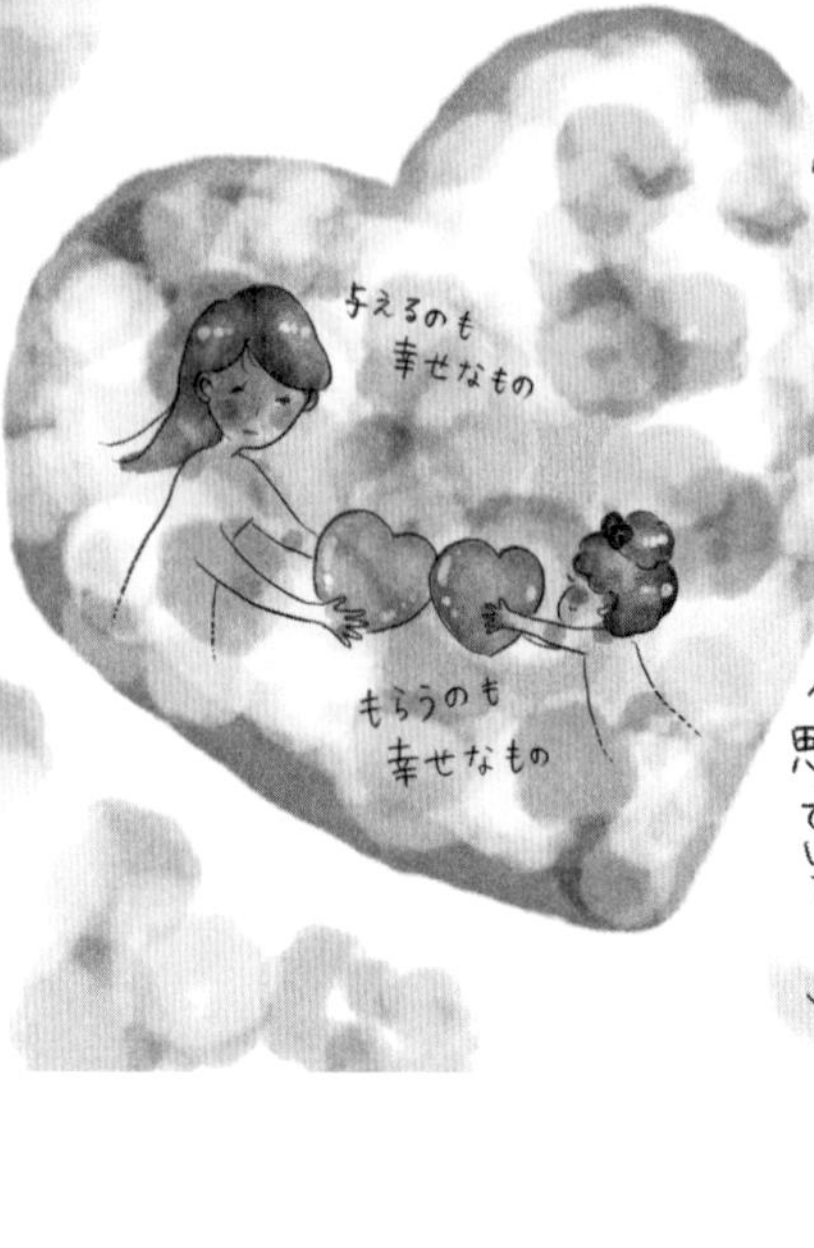
与えるのも
幸せなもの
もらうのも
幸せなもの

エピローグ

人はいくつになっても変われる

昔の私と
今の私は
結構違う
でもきっと
外側からじゃ
?
この大きな変化は
わからない
変わったのは
内側の話
まるで
違う国のよう
自分の内側のものは
それまでの自分が
勝手に作り上げて
きたものだから
常識
NG
考え方
捉え方
価値観
マイルール
OK
これからだって
勝手に作りかえて良いわけだ
NG
価値観
捉え方
考え方
OK
変えるのには
誰の許可も必要ない
これはもう
いらない
な…
自分の許可さえ
あればいい

ポすっ
よく
「大人になったら人は簡単には変わらない」
と言うけれど
確かに簡単には変わらない
なかなかとれない……
これは根深いぞ……
でも絶対に変われないわけじゃない
少しずつ抜けてきた…！
この作業最初は難しいけれど

これいいな
取り入れよう
慣れてくるとコツがつかめてできるようになってくる
この作業ができるようになるために手っ取り早いのは
人や社会と関わること
その中で
これは私にとって心地良いな
これはモヤモヤするな…
を感じて
このモヤモヤは私の中のどこから来ているんだろう?
自分自身を知っていくこと

モヤモヤしたり傷つくのが怖いからって
必要以上に人を避けていたら
自分を知ることはできない
社会の中で生きていれば
どうしたって
不快はある
なるべく避けることは大切だけど
100％なくなることはないから
イテテ…
自分で立ち直る力を持つことが必要なんだ

もし今私が
過去の私に会いに
行けるとしたら
私は私に
何と声を
かけるだろう

あなたは
ダメな人間なんかじゃない
……また吐いちゃった……
どうして私はこんなにダメな人間なんだろう
ダメなのは物事のとらえ方とそれに対する考え方だ

物事のとらえ方とそれに対する自分の考え方次第で、人生の生きやすさはグッと変わるのだと思います。ただ勉強は学校で皆平等に教えてもらえるけれど、物事のとらえ方や考え方は教えてもらえません。そもそも正解もないものです。だから自分で学んでいかないといけないんです。そして学ぶサンプルとなる人物（多くの場合親）のとらえ方や考え方を、子どもはそれが正しいんだ、と学んでしまいます。これがよく言われる世代間連鎖というものでしょう。そこにさらにその子が元々持っている気質、環境や時代の文化なんかも影響してきて、人格形成はさまざまな要素が複雑に絡み合ってできています。

一度ほぼ完成されてしまった自分の人格を変えるということは、もちろん簡単なことではないと思います。子どもの頃からずっと信じてきたとらえ方や考え方、価値観を変えるということは、今までの自分を否定することのような気がしてしまいます。それは自分が崩れてしまいそうで怖いことだし、勇気が必要なことです。でも、怖いからといってそのまま自分にフィットしていない価値観のまま生きていると、生きている時間が長くなればなるほど、どんどんつらさは増してしまうんです。

だから、私が今もし昔の私に会えるなら、また昔の私のように生きづらさに悩んでいる人がいたら「大丈夫だよ、今からだって変わっていけるよ、あなたは幸せになれるよ」と伝えたいです。「あなたが悪かったんじゃないよ、こうなってしまったのは仕方のないことだったんだよ」と。

でもきっと、昔の私にこれを伝えても、「人格を変えるなんて無理に決まっている」「そんなのきれいごとだ」と言われてしまいそうです。昔の私は、本当に頑固でした。自分の殻を強固にすることが自分を守ることだと思っていました。でも、それでも「自分が変わりたいと思えれば、変えられる」ということは昔の私に伝え続けたいです。今はそう思わなくても、もっと後になったらこの言葉が響く時が来るかもしれないですから。昔は〝何言ってるんだ〟と思ったことも、今なら理解できることって結構あります。理解できるようになるタイミングがいつ来るかはわかりません。もしかしたら一生来ないかもしれません。でも、知識があるのとないのとでは違います。頭の片隅にでも残っていれば、いつか点と点がつながる可能性があります。

人間って不思議なもので、「きっと私はこの先も不幸だ」と思っていた時の私は本当にそうなっていたし、「私はきっとこれからもなんだかんだ上手くいく」と思って生活している今は、本当にそうなっています。昔の私は不幸を見つけるのが得意でした。今の私は幸せを見つけるのが上手です。もっと正確に言うと、不幸を見つけてもそこにはフォーカスせず、幸せにピントを合わせるのが上手くなりました。完全な幸福の元に生きることなんてできないのだから、来てくれた幸せを大切にして生きていこう、という感じです。物事のとらえ方や考え方次第で、人生は随分変わっていきました。

この本の制作のお話をいただいた時、正直かなり迷いました。私は専門家でもないし、心理学を学んだわけでもありません。そんな私が人の心に関する本を書いてもいいのだろうか……しかも普段のような漫画じゃなくて、文章がメインの本です。やめておいた方がいいかもしれない……。でも、これも考え方次第だなと思いました。せっかくいただいたチャンスです。こんな機会はなかなかない。自分への挑戦だと思って、えいっ！　と思い切ってやってみることにしました。

そして書いてみて感じたのは、〝ああ、私はもうこれで自分の過去のことを作品にするのは最後だな。これ以降はもう描（書）けないな〞でした。それくらい、この本を描いたことによって、私の中から過去がスッと自然に消えていきました。消える前に描けて良かったなと思いました。

この本を読んで少しでも心が晴れてくれたら、それはとても嬉しいです。拙い文章を最後までお読みいただき、本当にありがとうございました。

グラハム子

解説

この本はきっとあなたの救いになる

名越康文（精神科医）

精神科医としてというよりも、ひとりの漫画好きの人間として、本書には引き込まれました。特に漫画の画力が素晴らしい。いわゆる劇画のように描き込まれたものではなく、線が少ないのに洗練されていて、見事な表現力です。単純化された画面だからこそ、中心がえぐられるというか、心が痛くて痛くて、途中からはパンチドランカー（頭部への打撃が重なった時の症状）のように読んでいました。

著者は幼い頃からお母さんとの関係で本当に苦労されました。僕はそういう人たちの相談に乗ったりカウンセリングをしたりしてきた経験から、この本を自分のこととして読む方というのは、グラデーションはあるにしても人口の20パーセント位はおられるように思います。これは現代の病理とも言えるかもしれませんが、一見普通に見える家庭の多くがこういう問題を抱えています。ですから、著者であるグラハム子さんの体験は、特殊ではあるけれど、同時によくあることとも言えるのです。

僕は以前に『血の轍《わだち》』（押見修造著、小学館刊）という作品の解説動画を作ったことがあります。その漫画は鬼母というよりも悪魔のような母親と息子の話で、読んだ人がトラウマになるような強烈な作品なのですが、これは作者の深い経験に基づきながらもフィクションの側面があるわけです。

でも、この本はより現実に近い。何気ない日常の中のエアポケットのような瞬間が次々に出てくるので、読んだあと物語から離脱し難いんです。そういう意味では『血の轍』よりきついものがありました。何がきつかったかを包括的にいうと親子のマッチングの問題です。

本書に登場するお母さんは、言葉の中に「あなたのためを想って」とか、「なんでこんなに悲しませるの」とか、そういう不安や悲しみのニュアンスをいつも込めてきます。一方、共感性の高い子どもはそんな母に吸引されるように引き寄せられてしまいます。つまり著者は、母親が無意識的にやっている戦略に、もっとも敏感に服従的に反応する感性を持っていたということだと思うのです。

もし、もっと攻撃性が高い親だったら、子どもはそれに反発して早くに爆発したり、陰で悪さをしたりができたかもしれません。でも、そういう関係にも発展しなかったから、完全に母子の関係の中だけで物語が進行してしまいました。外部につながるルートが絶たれていて、しかも親の不安に反応する子どもが自分の中でいわば理性的に解決してしまうということもあり、問題がすごく長引いて傷が深まったという感じを受けました。

だから、僕が一番怖かったのは、整形など母からさせられたことというよりも、２人の相性がある意味良すぎたという点です。２人はネガとポジのように対照的ではあるけれど、一方で魂の双子のようなところもあって、こういう子どもの心にとって過酷な状態をずっと遷延化させてしまった。２人はある意味完璧で、両者が無意識に結託するように完全なカプセルなんです。カプセルの中にいると、何が起きているか自分では気づくことができませんし、周りからも気づかれません。これは日常の中にある地獄とも言えます。

読者の中には、なぜお母さんはこんなふうになってしまったのだろうと思う方もおられるかもしれません。僕は親側に共通するものとして「情緒」の問題があるように感じています。大人としての知識や教養はあられるのでしょうが、どこか情緒が成熟せずに大人になってしまっている。ＳＮＳなどでの一方的な書き込みを見ていても、個人的には今、そういう人が増えているように思います。

情緒の成熟というのは、何もたいそうなことを言っているのではありません。自分なりに単純に定義させてもらえるなら、複数の感情を同時に併せ持つことです。怒りと同時に悲しみも持っているとか、すごく嬉しいけれど同時に孤独であるとか、そんな複数の感情が自分の中にあると自身で認められる分だけ心の地図が広がるでしょう。

例えば、子どもを叱る時に、自分のエゴかもしれないと思いながら叱ると、抑制が利くし、子どもにも親の本心が伝わることがあるかもしれません。でも、そこに一つの感情しかなければ、人を操作することにつながりやすいのです。

グラハム子さんの作品の中に描かれるお母さんも、情緒に問題を抱えていたかもしれません。子どもがお母さんの安定剤のようになり、子どもの方がお母さんの面倒をみているような感じにすらみえます。

ただ、子どもの立場として「親がなぜそうなってしまったのか」を追究していく必要はとりあえずはありません。子どもにそんな義務はありませんから。

それよりも、親との関係に悩んでいるのならば、シンプルに物理的な距離をとることの方が先決である場合が多いと思います。実際に、親の家から離れられなかったり、離れても親がひとり暮らしの家まで訪ねてきたり、毎日のように電話やファクスが来たりして苦しんでいる人はたくさんいます。

でも、相手が近くにいなければ、自分の情緒が安定します。そこから私にとって親とはなんだろうと客観視することにもつながっていくでしょうし、自分の中の罪悪感から解放される力を養ってゆくこともできます。

それとともに、周りの人と信頼関係を紡いでゆくことです。友人でも、仕事の仲間でも、付き合っている人でもいいと思います。グラハム子さんにとっては、ご主人がいい意味で少しとぼけた風の品のいい人で良かった。自分が一番しんどい時にぽろっと本音をこぼせることができる関係というのは実はすごいことなんですよ。

グラハム子さんは、今は子育て中ですが、いわゆる幸せの形とされる条件を整えるためにたぶんとても努力をされてきたと思います。それは他の人の人生も同じだと思います。そういった意味では今もやはり闘っておられるのではないでしょうか。決して「彼女は幸せになりました。めでたしめでたし」で人生は終わるものではありません。新しい問題がいつも立ち塞がる、それが人生です。

この本には、ある意味典型的な生き方をしてこられた、ひとりの作家の生き様が描かれています。自分の問題に誠実に取り組まれてきた人の過去から今です。

生きづらさを抱える人にとっては、彼女の体験が気づきのきっかけになるかもしれません。苦しいけれどそこから離れられない人にとっては、一歩を踏み出すきっかけになるかもしれません。親との関係に悩む人にとって、とても大事な本になるでしょう。ぜひ多くの人に読んでいただきたいと願っています。

グラハム子

漫画家・イラストレーター。

著作に『女子校デイズ 男がいない青春だって良いもんだ』『美淑女戦隊オバサンジャー 困った姑・夫を浄化する!?』『親に整形させられた私が母になる エリカの場合』『夫の公認なら不倫してもいいですか?』『タワマンに住んで後悔してる』（すべてKADOKAWA）、『オカルト異世界ばなし』（竹書房）など多数。

母の支配から自由になりたい

「私」を取り戻すための10のステップ

2023年11月30日　初版第1刷発行

著　者　グラハム子
発行者　中沢純一
発行所　株式会社佼成出版社
〒166-8535　東京都杉並区和田2-7-1
電話　(03)5385-2317（編集）
(03)5385-2323（販売）
URL　https://kosei-shuppan.co.jp/
印刷所　株式会社精興社
製本所　株式会社若林製本工場

◎落丁本・乱丁本はお取り替えいたします。

ISBN978-4-333-02910-5　C0095　NDC914/204P/19cm